実録 女の性犯罪事件簿

SEXUAL VIOLENCE

諸岡宏樹

実録 女の性犯罪事件簿

もくじ

1章 逆淫行

2章 乳児遺棄

3章
ストーカー

4章 痴情のもつれ

5章 女詐欺師

6章 サイコパス

7章　ネオン街のトラブル

＊本書の登場人物は全て仮名です。
＊本書の情報は初出誌掲載当時のものです。

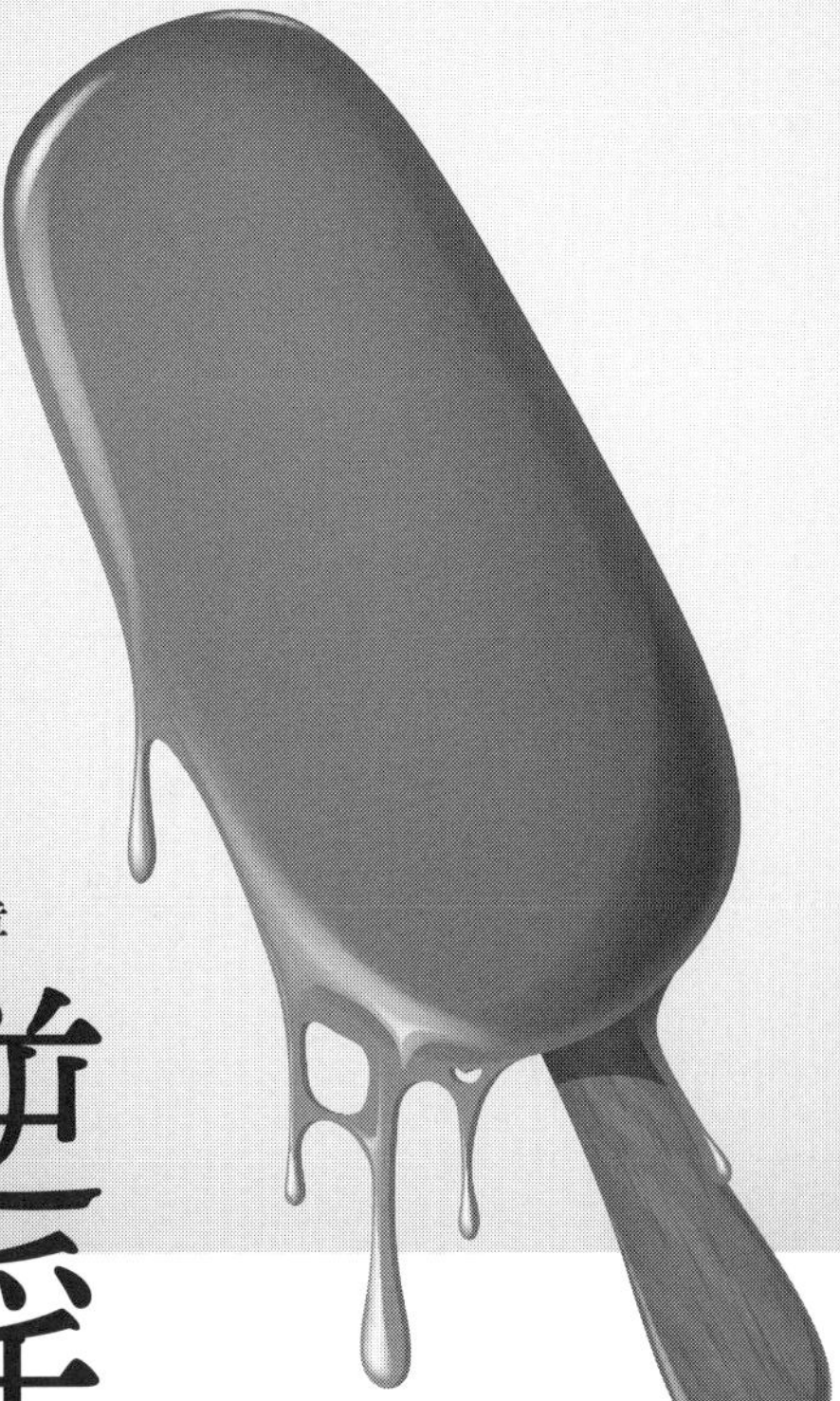

1章 逆淫行

香川県高松市で22歳のシングルマザーが小6男児と性交したとして、強制性交容疑で逮捕されるという事件があった。

2017年7月の刑法改正で、「13歳以上の男女に対して暴行または脅迫を用いて性行為をした場合、強制性交等罪が成立する」と改められてから、初めての女性検挙者ではあるまいか。ちなみに13歳未満の男女の場合、暴行脅迫要件はない。このケースの場合はそれにあたる。

彼女は強制性交等、児童福祉法違反、児童ポルノ製造の罪に問われることになり、高松地裁で公判が開かれた。

「セックスしたときは、彼も『気持ちよかった』と言っていました」

「好きだからしょうがなかった。真剣な交際ならいいと思いました」

「裸の写真や動画は彼に要求されて送りました」

いつもとは逆の展開に、取材する側も戸惑う。

彼女は現在、父親の知人の会社で軽作業の仕事をしながら、実家で両親と叔母の監督のもと、子育てをしているという。

しかし、女による逆淫行は決して少ないわけではない。事件化されて明らかになるのが少ないだけだ。発覚していない事件も含めれば、相当数になるのではないか。

その氷山の一角が摘発されるわけだが、そのほとんどが示談による不起訴か、略式起訴されて罰金刑で終わる。よって、その中身が明らかになることはほとんどない。まさに闇から闇へと葬り去られるのだ。

男と女では、やはり貞操に対する社会的な価値判断に差があるということだろう。また、男性の被害者の場合、告訴することは滅多にないから、判例も極端に少ない。

広島県で発生した強制わいせつ事件の犯人が、中学時代のトラウマとして、「物凄いデブの女子高生と無理やり性行為をさせられた」というのを事件の遠因として述べていたことがあるが、その真相とて怪しいものだ。

果たして、刑法改正によって男性が被害者となる強制性交事件は増えるのだろうか。この点は法律の専門家でも首をひねるところだ。

「男性が暴行脅迫で抵抗できない状態で、果たして機能するのかという点があります。極限状態なら勃起することもあるかも知れませんが…。泥酔した男性を口腔性交する準強制性交等罪ならあるかも知れません」

まずはいかにして22歳のシングルマザーが犯行に至ったかという経緯を明らかにしたい。おそらく女による唯一の強制性交事件である。

小6男児を籠絡した22歳シングルマザーの性技

香川発…………『週刊実話』2019年9月4日号掲載

事件が発覚した経緯は、110番通報ではなく、地元の警察署にかかってきた1本のタレコミ電話だった。

「うちの子が22歳の女の家に泊まりっぱなしになっている。様子を見に行ってほしい」

それは〝被害者〟となる小6男児の福本拓也（12）の家族だった。捜査員が問題の県営住宅の一室を訪れると、成人の女と小学生の男児がいた。女が「前日の午後11時頃にセックスしました」とあっさり認めたため、その場で御用となった。男児は必然的に保護された。

「君の家族から電話があった。家はどこにあるんだ？」

「〇〇県××市です」

それは300キロ以上も離れた地方都市だった。

「学校はどうした？　家出してきたのか？」

「ハイ」

「どういう経緯でこんなことになっているのか、詳しく事情を聴かせてもらおうか？」

女は自称通信販売会社パート従業員の長澤佑香（22）。年相応に見える、水準以上の美人だった。2人はスマホで遊べるオンラインゲームの『荒野行動』で知り合っていた。

『荒野行動』とは、およそ100人のプレーヤーが無人島に降り立って、最後の1人まで戦闘を繰り返していくというバトルロイヤルゲームだ。

チーム戦もあり、一緒にゲームをするうちに男女がカップルになっていく。実際にツイッターやLINEの連絡先を交換して、現実の恋人同士になってしまうケースも多い。いわば、出会い系サイトが形を変えたようなオンラインゲームだ。

2人はゲームの中でカップルになり、約4カ月前に連絡先を交換。LINEでは卑猥なやり取りばかりしていたという。

被害児童とされる拓也は佑香から性行為の仕方や卑猥な言葉の意味を教わっていた。

〈オ○ンコって何？〉

〈ア・ソ・コのことよ。赤ちゃんを産むための穴が膣ね。そこにおチンチンを入れるの〉

佑香は年下とばかり付き合っていたという

〈やったことあるの？〉

〈もちろん。だって私、子供が2人いるんだもん。結婚はしてないけどね〉

佑香はもともとショタコン（少年性愛）の気質があり、付き合う相手はみんな年下だった。

佑香を知る近所の同級生が言う。

「その少年と付き合う前は、確か別の男子中学生と付き合っていましたよ。私の夫も3歳年下なんですが、佑香に『部屋に来る？』と誘われたことがあると言っていました」

佑香は18歳のとき、何と当時15歳だった中学生の彼氏の子供を妊娠。長女を出産して、高校を中退した。

さらに20歳のときには、当時17歳になっていた彼氏との間に長男を授かり、2児の母となった。

だが、子供の世話は実家の両親に任せきりで、自分は母子手当をもらいながら、県営住宅で一人暮らしをしていた。

「身長162センチの中肉中背で、色白で可愛いからモテる。中学ではバスケット部に入っていましたが、決して明るくはないし、社交的でもない。あまり外に出ず、家の中でゲームをやっている感じだったから、友達は少なかったですよ」（前出の同級生）

佑香は13歳未満の児童と知りながら、性行為をしたという強制性交容疑で逮捕され、拓也に自分の乳房を吸わせて、その様子をスマホで撮影したという児童ポルノ製造と児童福祉法違反の罪にも問われ、罰金刑では済まず、正式裁判となった。

髪を黒くして、ショートカットにした佑香は、いっそう〝いい女〟になっていた。だが、公判では2人の生々しいLINEのやり取りなどが公開され、佑香がいかにして拓也を籠絡していったかの一部始終

事件現場となった佑香の部屋

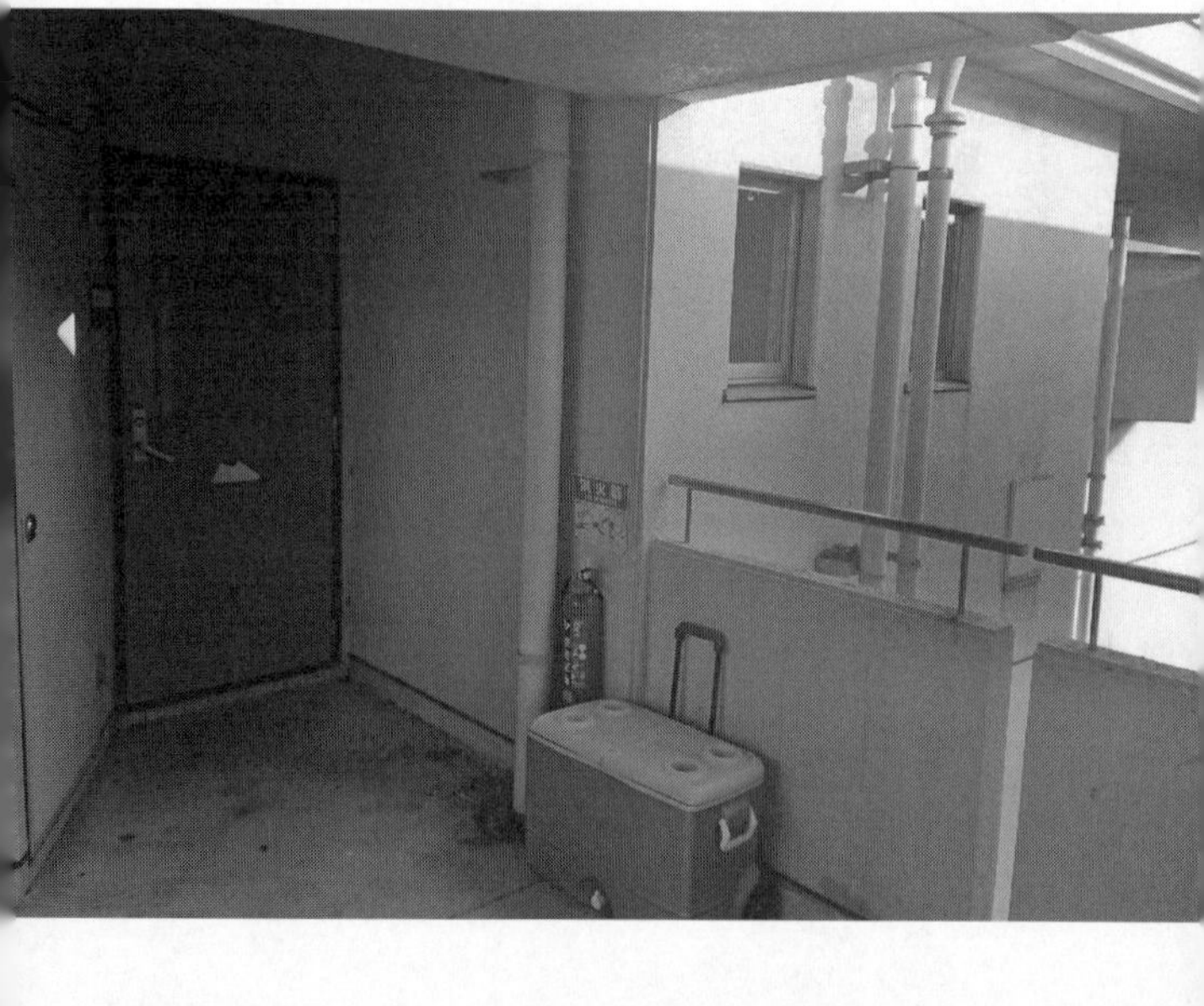

が明らかにされた。

〈佑香みたいな大人が僕みたいな子供とセックスしてもいいの？〉

〈私は拓也のことが大好き。好きな人とそういう関係になるのは、ごく自然なことだと思う〉

〈僕はチューしたことないんだよ〉

〈全部私が初めてなのか。そして、全部私が最初で最後になる〉

2人は拓也が18歳になったら、結婚することまで約束していた。毎日電話するうちに、会いたくなるのも当然のことだった。佑香は拓也の求めに応じて、拓也の地元まで会いに行くことにした。

佑香は〈今まで会っていなかった時間も付き合っていたようなもんだから、会ったらすぐにホテルへ行こうか〉などと誘惑していた。拓也は様々な妄想を膨らませ、興奮して眠れないほどになった。

初めて会った日、2人は挨拶もそこそこにラブホテルにしけ込んだ。お互いの体をむさぼり合い、拓也は夢のような時間を過ごし、佑香の手ほどきで正常位、バック、騎乗位と一通りこなした。

佑香は拓也とのツーショット写真を掲載し、〈童貞狩り〉などとツイッターに投稿した。〈拓也くん、子作りにハマっています〉ともツイートした。

これ以降、拓也は佑香にメロメロになり、『たくやのゆうか』というアカウント名でツイッターを始め、〈他の女と関わる気は一切ない〉〈ずっと佑香のとなり〉〈物欲はない。佑香が欲しい〉といったツイートを繰り返すようになった。

佑香は「冬休みに遊びに来てほしい」と拓也に新幹線のチケットを送った。拓也は年末年始にかけて、11日間も佑香と過ごした。拓也の家族から安否を心配するメールが届くと、佑香が「このように返事すればいい」とアドバイスしていた。

さらに佑香は恥ずかしげもなく、拓也とキスしている写真などを平気でツイッター上に上げていたため、ネットでは有名な〃バカップル〃になっていた。

〈アンタら、いい加減にしなよ。警察に通報したらすぐパクられるよ〉

〈ネットに拡散して、今さら画像を消せないことは分かっているよね？〉

こんな〃警告〃が届き、いったん拓也が地元に帰ると、佑香は冷静になって、「自分のやっていることはおかしいんじゃないか」とようやく気付いた。

だが、拓也に別れ話を切り出すと、拓也はしょげ返った。

「僕のどこが悪かったの…。どうして別れなくちゃいけないの？」

拓也は2日にわたってLINEを送り続け、「食事も喉を通らない」と訴えてきた。何をする元気もなくなり、「学校へ行く気力もなくなった」と言われ、佑香は「やっぱり私が付いていないと生きていけない子なんだ」と思い直した。

これからも付き合い続けることを約束すると、不安でたまらなくなった拓也が「ずっと佑香と一緒にいたい。離れたくない」と言って、家出を決行。わずか2週間後には、また佑香の家に舞い戻った。

佑香に言われていたように、家族宛に置き手紙を残し、保険証のコピーを持ってきた。

被害者男子との性行為を堂々とツイートしていた

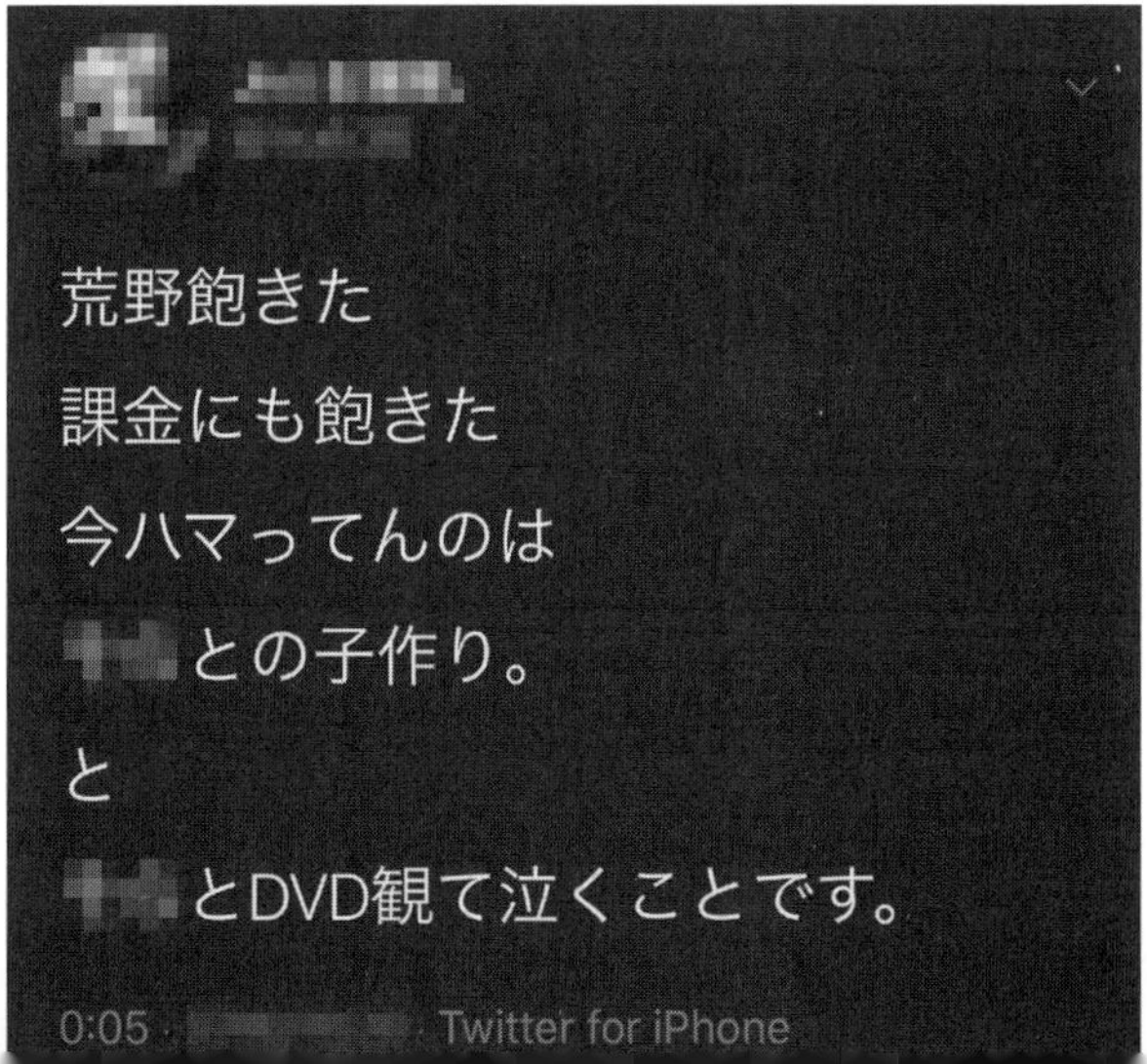
荒野飽きた
課金にも飽きた
今ハマってんのは
との子作り。
と
とDVD観て泣くことです。
0:05
Twitter for iPhone

佑香は泣きながら乳房に吸い付いてくる拓也が可愛くて、その様子をスマホで撮影した。それが児童ポルノ製造に当たるという意識は佑香にはなく、佑香は拓也との愛の営みの一部始終をスマホに保存していた。

その結果、これが犯罪の〝証拠〟になった。拓也と佑香の2度目の同棲生活は、通報によって3日で打ち切られることになった。

佑香は保釈後、拓也の母親に謝罪に行ったが、面会を断られ、弁護士を通じて「もう2度と拓也に会わない」という条件付きで、慰謝料150万円を支払い、示談書を交わした。

医師からは小児性虐待者（チャイルド・マイスター）と診断され、1年かけて性障害専門医療センターに通うことになった。

佑香自身が法廷で語った恋愛遍歴も驚くべきものだった。

「私はこれまでひどい恋愛をしてきました。交際相手に浮気やDVを何度もされ、アザができたり、歯が欠けたり、唇が腫れたりして、大ケガをしたこともありました。自分のことを理解してくれる人と付き合ったことがなかった。でも、彼はこれまで付き合った誰よりも大人に見えました。お互いに真剣でしたし、結婚できる年齢まで付き合って、結婚しようと思っていました。でも、もう会いません。『荒野行動』はもちろんですが、

SNSもしません。子供が2人いるので、これからはしっかり子育てをして、いいお母さんになります」

裁判所は「判断能力や性的知識が乏しい小学生につけこみ、自己の欲望を優先した身勝手な犯行」と断罪し、佑香に懲役3年執行猶予5年の有罪判決を言い渡した。

だが、拓也は今も「佑香に会いたい。結婚したい」と言って、ノイローゼ気味になっているという。まぎれもなく児童の心身に有害な影響を与えたのは事実だろう。

事件は新聞でも報じられた

◆男子小学生への強制性交容疑で女逮捕　高松西署は22日、強制性交の疑いで、高松市[redacted]、パート従業員[redacted]容疑者（22）を逮捕した。逮捕容疑は21日午後11時ごろ、福岡県内の小学6年の男児（12）が13歳未満と知りながら、自宅で性交した疑い。同署によると、2人はオンラインゲームを通じて知り合ったという。男児の家族からの通報で発覚した。

愛知発…………1999年6月　逆淫行事件追跡ルポ①

教え子の中3少年に弄ばれた⁉ "彼氏"にすがりついた23歳女教師

その事件は地元紙のスッパ抜きで明るみに出ることになった。内容は名古屋市内の公立中学校に派遣された元音楽講師の女性（23）が、教え子の3年生の男子生徒（14）にみだらな行為をしていたことが分かり、愛知県警少年課などが事情聴取したというものだ。この元講師は男子生徒を含む数人の生徒をカラオケボックスに連れて行き、生徒に酒を飲ませていたとして、学校側が口頭で注意していたとのことだった。

一体、どういう先生なのか。ちょうどその頃、TBS系の連続ドラマ『魔女の条件』が大ヒット中だったので、2人の関係は一段と注目されることになった。劇中では松嶋菜々子が演じる高校の女性教諭が、滝沢秀明の演じる男子生徒と禁断の愛を貫くというストーリー。これを地で行く事件だが、現実は同県青少年保護育成条例違反に問われている犯罪だ。

記者同士の横のつながりで調べたところ、問題の講師は名古屋市西区の中学に勤めていた広瀬真紀という女性であることが分かった。さっそく勤務先に取材をかけたところ、学校側は当該中学校であることを認めて、校長が対応した。

「私が最初に広瀬先生に会ったのは、勤務し始める1週間前のことでした。市教委からの紹介があったので、私が直接面接しました。本校の音楽教師はそれまで1人しかいませんでしたが、病気のために長期療養が必要になって、彼女に臨時講師として来てもらった。そのときの彼女の印象はハキハキしていて感じも良く、とても熱心にやってくれそうでした。彼女も『頑張ります』と言っていました」

こうして真紀は教壇に立つことになった。教壇に立つのは初めてだったので、慣れない様子も見受けられたが、それを他の先生に相談するというほどのものでもなかった。

「ところが、彼女が勤務して2週間ほど経った頃、ある生徒から『先生と一緒に焼き肉

現場の中学校

を食べに行った』という話を聞いた。本人に確認すると、認めたので注意しました。特定の生徒と食事に行ったりすると、他の生徒がひがんだりする可能性があるので、好ましくないという理由です。彼女は『分かりました』と言っていました」

結局、真紀が教壇に立っていたのは1カ月ほどしかなかったが、その間に教え子と禁断の恋を燃え上がらせていたのである。それが問題のS君だ。茶髪でロン毛、イケメンの不良少年である。学校が知る由もないが、真紀は学校を辞めた後も生徒と〝不適切な行動〟を取っていたことが発覚する。

「広瀬先生は学年末に任期切れになったわけですが、新学期が始まってから、また別の生徒から『先生とカラオケボックスに行った』というような話を聞いたんです。生徒としては嬉しかったこととして、何気なく話したわけですが、焼き肉店のときと同様、生徒に好ましくない影響を与える恐れがあるので、彼女に電話で口頭注意しました。そのときも彼女は『分かりました』と答えていました。それですべてが終わったと思っていたのに、いきなりあの記事が出たんですよ」

　あの記事とは、地元紙のスッパ抜きのことである。不思議なことに記事では校長ではなく、教頭が取材に応じた形になっていて、校長としてはそれも寝耳に水。直ちに教頭に連絡を取り、叱りつけたという。

「では、教頭先生にお話を伺いたい。呼んでいただけますか？」

「分かりました」

　ここで教頭が登場し、そのときの様子を次のように話す。

「確かに地元紙から電話がかかってきました。しかし、それは『オタクの生徒のことで、こういう事実（淫行）はありますか？』というものだったんです。それで、私は『ありません』と答えました。すると、記者が『もしそれが本当だったら、どう思いますか？』と言うので、私は『もし本当だとすれば、信じられないことです。極めて微妙な問題であり、教諭や生徒を問い詰めることもできない』と答えました。私たちは焼き肉店とカラオケボックスの件は把握していましたが、生徒が教師とそんな関係になっていたなんて、噂にも聞いたことがなかったんです。生徒から遠巻きに聞いていたのはその2件だけです。淫行の被害については、男子生徒さえ特定できていませんでした。警察だって学校には何も言ってきませんでしたから」

校長や教頭がウソを言っているようには思えない。最後に校長は席を立ちざま、被害者とされるS君についてこう漏らした。

「話もできないほどのワルというわけではありません。私たち教師にも、自分から寄ってきますしね。一時期は勉強も熱心にやり始めて…。確かに家庭環境はちょっと複雑ですが、やっぱり最初から悪い子なんていないわけですよ。私は環境だと思いますね」

続いて真紀が生徒を連れ込んだというカラオケボックスを当たることにした。これもいきなりだったが、同店店長が対応してくれた。

「私もはっきり顔は知らないんですが、1件だけ思い当たることがあります。確か平日だったと思いますが、制服姿の男の子2人と女の人が入ってきて、フリータイムで歌っていたことがありました。その際、男の子たちは『先生』『先生』と呼んでいましたから、どうもそれだったんじゃないかと。うちは未成年には酒は出しません。男の子たちは片方が背が高くて、片方が背が低いという2人組だったと思います」

真紀が連れ込んでいたというカラオケボックスは2つある。この店は否定したが、真紀は生徒たちにねだられ、生ビールなどを注文し、酒を飲むのを黙認していたという。もう一軒の店にも取材を申し込んだが、「取材拒否」だった。

さらに真紀が生徒たちとの

生徒たちと行っていたカラオケボックス

待ち合わせ場所によく使っていたというコンビニを突き止めた。同店店主は案の定、真紀どころか、S君のことも詳しく知っていた。

「Sは中1の頃から知ってるよ。初めてあの先生と一緒にいるところを見たときは、一緒に遊んでいる女友達かと思っていた。それである日、『誰や、アレ?』と聞くと、『先生』と答えた。一緒にいるところは3回ぐらい見たかなぁ。たいてい2〜3人で一緒にいて、2人きりでいるのは見たことがない。ところが、見ていると先生と肩を組んだりしているし、『お前ら一体、どういう関係なんだ?』と聞いてみると、『彼女なんだ』と言う。『ウソをつけ。お前が勝手にそう思い込んどるだけやろ』と聞くと、『本当だ』と言う。ある日、自転車に乗ったSに出会ったので、『どこへ行くんだ?』と聞いてみると、『先生が電車に乗ってくるから、駅まで迎えに行く』と答えていた。確かにあの先生はパッと見、女子高生に見える。Sも女の噂が絶えん男で、お菓子を貢いでいる女の子がいるという話を聞いたこともある。グレてはいないが、いつ学校へ行っているんだという感じで、普通の中学生には見えなかったね」

驚いたのはここからである。かつて真紀が待ち合わせ場所に利用していたということは、今でも生徒たちのたまり場になっているのではないかと思い、しばらくコンビニで待っていると、それっぽい5〜6人の集団がやって来た。

「S君のことで話を聞かせてくれないか？」

そう言っただけなのに、連中は「マスコミの人？」と食いついてきて、「そうだけど…」と答えると、目を輝かせて取り囲んできた。

「ハイハイハイ、オレ、先生の携帯番号知ってますよ。5000円で買いませんか？」

「オレ、先生とSがツーショットで写っているプリクラを持っていますよ。ちょっと値は張りますが…」

「話を聞きたいんなら、オレが知っている焼き肉店でどう

たまり場になっていたコンビニ（当時存在）

ですか？」

そこへ一緒に取材をしていたK先輩がやって来た。

「彼らは？」

「S君の同級生らしいです」

「それは願ってもないじゃないか。取材しよう」

K先輩が「酒は飲ませんぞ」と忠告すると、連中は素直に言うことを聞いたので、焼き肉店に連れて行くことにした。

だが、「Sの親友」と名乗る男は、座席に着くなり、スパスパとタバコを吸い始めた。

カラオケ店長が言っていた「2人組のうち、背が低い方」というのは、この少年らしい。

「最初はSの方が先生に『好きだ』『好きだ』って言ってたのよ。そこから付き合いが始まったんだけど、だんだん先生の方がSのことを好きになっちゃって…。先生があんまりしつこいので、Sが先生から逃げようとすると、『もう死にたい』と僕の携帯に先生から電話がかかってきた。そんな頃にSがバイクを4台盗む事件を起こして、鑑別所に行かされた。その流れで先生のことが警察にバレたんだと思う。先生がSの家に行ったとき、Sの親父さんが突然帰ってきたことがあって、先生は『16歳の女子高生です。

名前は木村ユカです』なんて言っていた。Sと先生のセックスについては何も言いたくない。それを言うと、Sがかわいそう」

だが、警察筋からの話は新聞記者経由で漏れてきていた。真紀は学校を退職すると、春休み中にS君を含む教え子数人と東山公園へ遊びに行き、途中で「体調不良」を理由にS君だけを連れて自宅に行き、みだらな行為をしたという。その後もS君の自宅やホテルで密会して、肉体関係を継続していたらしい。

だが、滅多に手に入らない女教師を手に入れたことで、S君は真紀との付き合いに飽きてしまった。すると、真紀はS君との関係をつなぎ止め

女性元講師 淫行の疑い
教え子の中3男子に
名古屋の中学 愛知県警が聴取

名古屋市内の市立中学校に派遣された元音楽講師の女性(三三)が、教え子の三年生の男子生徒(一五)にみだらな行為をしていたことが分かり、愛知県警少年課と西署は五日、同県青少年保護育成条例違反(淫行＝いんこう)容疑で、この元講師を事情聴取した。引き続き取り調べ、近く書類送検する方針。元講師は、この男子生徒を含む数人の生徒をカラオケボックスに連れていき、生徒に酒を飲ませていたとして、学校側が口頭で注意していた。

同署の調べや学校関係者の話によると、この元講師は一九九八(平成十)年三月、関東地方の音楽大学を卒業。中学校の音楽教諭の資格を持ち、名古屋市教育委員会の外郭団体「市教育人材バンク」に登録した。市内の中学校の音楽教諭が病気で長期欠勤したため、今年二月から三月にかけての約一カ月間、市教委の辞令で同校に赴任した。

当時二年生だった男子生徒とは任用期間の途中から親しくなり、四月初めごろ、二人で名古屋市内に遊びに出掛けた。その際、元講師は男子生徒を自宅に連れていき、自室でみだらな行為をしたという。元講師はその後、この生徒と数回会い、保護者が留守の間に生徒の自宅に行ったこともあるらしい。

また、この生徒の同級生に「アパートを借りて、彼と一緒に暮らしたい」と相談し、部屋探しに同行させたという。

元講師は任用期間中、男子生徒を含む数人のグループとカラオケボックスに出掛け、生徒に生ビールを飲ませたなどとして、教頭が口頭で注意していた。元講師は事実関係を認め「分かりました」と答えたが、任期が終わった春休み中にも生徒とカラオケボックスに行ったことが分かり、学校側が再度注意していた。

淫行　愛知県青少年保護育成条例によると「何人も青少年に対して、淫行またはわいせつな行為をしてはならない」(14条第1項)と規定、これに違反した場合は懲役一年以下か五十万円以下の罰金が科せられる。「援助交際」などが社会問題となり子供を相手にした性行為について社会の監視を厳しくしようという流れが強まり、先月の国会で「児童買春禁止法」が成立。同法には金銭や物を与えるなどして「十八歳未満の児童」と性交や類似行為をすると三年以下の懲役か百万円以下の罰金となる規定が盛り込まれ、ほとんどの県が条例化している「淫行処罰規定」より厳しい罰則となる。なお、同法が施行されると各県条例の規定は効力を失うことになっている。

日本では珍しいケース　子供の人権がポイント

評論家で中部大人文学部長・赤塚行雄氏の話　一九六〇年代末から七〇年代に米国で起きた性革命以降、女性の間にも一種の快楽志向が高まった。米国では、女性の先生が教え子との間に子供を産んだケースもあったが、そうした傾向が日本でも出てきたといえる。しかし、日本ではまだ珍しく、今回の事件は長く記憶されるものになりそうだ。

弁護士で参院議員・福島瑞穂さんの話　もし、教員が自分の地位を利用して生徒と関係を結んだのなら問題だが、そうでない限り、法律や警察が介在する話ではない。ポイントは、子供の人権が侵害されているかどうかで、卒業直後に学校の先生と結婚する女の子の例はいくらでもある。淫行という定義も結婚を前提とする場合は当てはまらないとする解釈があるなど非常に不明確。東京都のや先日の議員立法で成立した「児童買春禁止法」も肉体関係にお金が介在している「買春」を処罰している。単に道徳を振り回すのではなく、双方が合意していたかなどを冷静に見極めるべきだと思う

『中日新聞』より

ようと、「私、妊娠したみたい。産んだ方がいい?」などと迫るようになり、「つわりがひどいから、私のそばにいて」という電話がしょっちゅうかかってくるようになったので、S君は次第にうんざりしてしまったという。

「先生とSが同棲するアパートを借りると言って、部屋探しに付いて行ったこともある。先生は学校の近くで、部屋が複数ある物件を選んだ。その帰り道、『今日は付き合ってくれてありがとう』ということで、居酒屋に誘われた。Sは先生と付き合っているとき、学校を休んで先生と会っていた。先生は学校を辞めた後、『OLをしている』と言っていたが、新学期が始まってからも、毎日のようにSの家に来た。僕らがタバコを吸っていても、何も注意しなかった。先生も吸っていたので、『妊娠中なのに、大丈夫なの?』と聞くと、『大丈夫だよ』と言っていた。最後に会ったのは、ちょうどSが警察に捕まった頃だった。僕の携帯に『私も捕まっちゃってね…』と先生から電話がかかってきた。それっきり、先生とは連絡がつかなくなった。今、どこで何をしているのかも分からない」

真紀は淫行で書類送検されたが、純愛が認められて不起訴になった。結局のところ、精神年齢の低い女教師が、手練手管に長けた教え子の少年に弄ばれたという事件だろう。この事件の被害者は少年なのだろうか。S君に会うのを拒絶されてから、玄関前で「話がしたい」と何時間も泣きわめき、「殺して!」と叫んでいた女教師の方かもしれない。

岐阜発……2005年11月　逆淫行事件追跡ルポ②

自分の息子と同世代の少年を自宅に引っ張り込んだ38歳ヤンママの男漁り

岐阜県羽島市在住の岡本七恵（38）という女が同県青少年保護育成条例違反の疑いで逮捕された。調べでは、携帯電話の出会い系サイトで知り合った高校2年のA君（16）を自宅に誘い込み、みだらな行為をした疑い。

とりあえず警察広報で確認できたのは、逮捕事実と住所、名前、年齢、職業のみ。「あとは自由に取材してください」というのが、警察のスタンスだ。こういう場合、県警詰めの新聞記者のリークに頼ることになってしまう。だからこそ、新聞記者の人脈は宝のようなものだ。

「最初はA君も『18歳』とウソをついていたようなんですが、会う直前に『本当は16歳なんだけど、いいですか?』と聞くと、七恵が『それでもいい』と言うので、会うことにしたそうです。初めて会った日に肉体関係を持ったそうですが、カーセックスだったそうですよ。それも自宅マンションの駐車場に止めた車の中というのだから呆れます」

七恵は高校1年の長男(16)と中学1年の次男(13)と3人で暮らしていた。10年以上前に夫とは離婚。スナックのホステスをしていた時期もあるというが、事件当時は無職で生活保護を受けていた。

「その後も2人はたびたび会っていたというんですが、彼女のマンションには部屋が2つしかないので、彼女は小遣いを与えるなどして息子2人を家の外に追い出して、その間にA君とセックスしていたそうです」

これだけでも呆れるが、話はここからが本番である。

「七恵はA君と片時も離れたくなくなり、『家出しな。一緒に暮らそう』と誘った。もともとA君は真面目なタイプだが、受験をめぐって過干渉な親と衝突するようになり、家にいるのがイヤになっていたところだった。A君は『同棲しないと別れる』と七恵に言われていたこともあり、着替えなどをバッグに詰めて、そのまま家出。七恵の長男、次男を含めた4人での共同生活を18日間も続けていたというんです」

事件現場のマンション

最初の頃は息子2人がいないときを見計らって行為に及んでいたが、「私の彼氏だから」と説明し、そのうち息子2人がいても別の部屋でやっていたらしい。しかも、避妊は一切しなかった。

七恵の自宅マンション周辺で取材をかけると、悪評が次々と出てきた。
「彼女の男漁りは今回に限ったことではない。彼女はミニスカートをはいたギャル風の格好で、次から次へと若い男を部屋に引っ張り込んでいました。4年ほど前は一回りも年下のパチンコ店員を引きずり込んで、一緒に暮らしていました。その男と自分の息子たちと一緒に風呂に入っているなんて話をあけすけにしていました」

子供たちの関連のPTA関係者はもっと辛辣だ。
「PTAでは盛り場のパトロールをするのですが、岡本さんはあの歳になっても近所のゲームセンターやカラオケ店、ビデオ店などを頻繁に出入りしていた。地元の不良たちの間では顔だったようで、『姉さん』と呼ばれていました。2人の子供たちはそんな母の行状に振り回されたのか、次第に不登校になっていきました。いつも家の外で時間を潰し、ウロウロしている姿を見かけました。一時は岐阜県内の祖父母宅に預けられていたという話を聞いたこともあります」

そんなどうしようもない母親だったのだ。そうした行動は近所のゲームセンターでも見受けられた。取材をかけると、同店店長は「問題の少年と出入りしていたのは事実ですが、他のことはこちらでは把握しておりません」という返事だった。だが、同店でアルバイトをしている従業員の間では有名な話だった。

「若い男性客や店員を見つけると、『タダでいいから、エッチしない？』と誘ってくるんですよ。中年客であっても、金を持っていそうなら『私を買って』と交渉していた。そのうち店に苦情が入ったんです。ゲームをしているのに、ナンパしてくる女性が店内をうろついていて迷惑だと。これで店長が『出入り禁止にする』と言ったら、ナンパはしなくなりましたけどね」

マトモなことを言っていたのは、A君と七恵が行きつけにしていた近所の商店主だけだった。

「うちの店にはしょっちゅう買い物に来てくれました。岡本さんは少年に合わせようと思ったのか、ファッションもミニスカートにへそ出しルックでした。2人で手をつないでやって来て、恋人のように仲良くお菓子を選んだり、ラブラブな雰囲気でしたよ」

七恵を古くから知っている知人は「親もさじを投げていた」とこんな話を話す。

「『うちの娘はシンナーばかりやっていて、どうしようもない』と嘆いていました。事実、10年前にマンションに引っ越してきた頃から、シンナーを吸っている姿は何度も目撃しましたし、歯はボロボロでした。彼女は駐車場の車の中で、よくダッシュボードに両足を乗せて携帯をかけていました。そうやって挑発的なポーズで下着を見せつけるんですよ。『いい加減な生活はやめて、誰かと結婚したら?』と言うと、『結婚したら生活保護がもらえなくなるからイヤ』と言っていました」

これほど問題のある相手とは、A君も思っていなかったのだろう。A君は七恵に連れられてよくゲームセンターに行っていたが、そこで出会うヤンキーや暴走族風の若者に「姉さん」と呼ばれているのを見て、ギョッとなった。七恵としては札付きの少年たちに慕われ、乱暴な言葉づかいで従わせている姿を見せて一目置いてもらいたかったようだが、A君はそうは考えなかった。

「自分はとんでもない女と関わってしまったのかもしれない…」

A君が逃げ出そうとすると、七恵の長男に見つかり、「うちの母ちゃんから逃げ出そうとしたら、ひどい目に遭うぞ」と脅された。それでも我慢の限界だった。A君は来たときと同じようにカバン一つだけを持って、実家に逃げ帰った。

これで激怒したのが七恵だ。「今すぐ戻ってこい」と言っても聞かないので、「お前の子供を妊娠した。50万円払え」とウソの電話をかけて脅迫した。

A君はたまらず父親に相談した。そこから警察に通報し、今回の事件が発覚した。七恵は「少年は18歳以上だと思っていた」と言い訳したが、このウソは簡単に見破られた。この事件で分かっていることはここまでだ。

その後、管轄の簡裁に公判の日時の問い合わせの電話をかけたが、「該当者がいない」という返事だった。こうした場合、示談によって不起訴になった可能性が高い。あるいは起訴事実をすべて認めていた場合、「略式起訴」になって、公判は開かれず、罰金のみを支払うという「略式命令」が出る。こうした場合も、

七恵が男を漁っていた、行きつけのゲームセンター

裁判所は「該当者がいない」という返事をする。

考えてみれば、新聞報道で辱めを受けた女が、あえて「事実誤認がある」と公判に持ち込み、そこで2人の関係をぶちまけるなんて、いまだ寡聞にして知らない。よって、ほとんどの逆淫行事件は罰金刑で終わる。

今回の事件だってA君と七恵が18日間の同棲生活で何があったのか、肝心なところは何も分からない。おそらく何らかの会話があり、淫行に流れる手順もあっただろう。それが謎なのだ。

取材記者は事件という囲いの中の世界を覗き見て、たまたま目に入っ

16歳男子高校生をツバメにした38歳熟女

～2人の子持ち～

自宅で3週間

高校生を"ツバメ"にして囲っていた女は、元ヤンキーだった!?——息子と同い年の16歳の男子高校生を家に連れ込み"強チン"した揚げ句、3週間にわたって自宅に軟禁し、H行為を繰り返していた38歳の女が16日、愛知県[redacted]に逮捕された。20歳以上も年下の少年を"手込め"にした「童貞食い女」の正体と、その手口は?

女は元ヤンキー

男子高校生にみだらな行為をしたとして岐阜県青少年健全育成条例違反の疑いで逮捕されたのは岐阜県[redacted]、無職[redacted]容疑者だ。[redacted]容疑者と[redacted]の男子生徒が知り合ったのは9月の初旬、携帯電話の出会い系サイトだった。

「男子生徒は当初、面白半分だったようです。ところが、電話を重ねるうちに実際に会うことになった。18歳とうそをついていたので"16歳ですけど良いですか?"と聞いたところ"それでもいいから会おう"となったそうです」(捜査関係者)

[redacted]容疑者は高校1年の長男と中学1年の二男との3人暮らし。2人の息子の留守を狙って少年を家に連れ込んだ。

この時、初めて肉体関係を結んだ2人は、その日はそのまま別れ、男子生徒は自宅に戻ったという。

ところが、少年の"青い体の味"を忘れられない[redacted]容疑者は「同棲しないと別れる」と切り出す。少年の方も「(ベッドで)どんなテクニックだったかは分かりませんが、それまで経験がなかったこともあって、すっかり夢中になったみたいです」と前出の関係者。

"百戦錬磨の熟女"のトロけるような超絶ワザで、めくるめく初体験をしてしまった少年は、嬉々としてパンツやらシャツやらをバッグに詰め込みそのまま家出。以降3週間にわたって4人の奇妙な同棲生活が続いた。

「最初のうちは息子2人がいないときを見計らって行為に及んでいたが、そのうち息子2人がいても別の部屋でやっていたらしい。2人には"彼氏だよ"と言っていた」(同)というからなんとも大胆だ。

ところが、エッチに夢中になっていた少年が「どうもヤバイ」と気付くことになる。

童貞奪いH行為繰り返したあげく

逃げ出すと「50万円よこしなっ!!」

異様な金髪姿で

「女は自分で"元暴走族だった"と話し、実際にゲームセンターで、暴走族風の兄ちゃんが"姉さん"なんてあいさつをしてきたそうです。長男からも"母ちゃんから逃げたらひどい目に遭うぞ"なんて脅かされて、すっかり怖くなりそれで逃げ出した。こっちの少年はまじめなおとなしい坊やですから」(同)

その後、[redacted]容疑者から電話で「妊娠したので50万円払え」と脅かされた少年が両親に事情を話し県警に相談。事件が発覚した。

その[redacted]容疑者の容姿は「金髪で見た目はまともな主婦には見えない。でも年相応のおばちゃんです。行為は認めているが"18歳未満だとは知らなかった"と反省するところかふてくされています」という。

こんな金髪おばちゃんの辞書に「反省」の文字はない!?

[redacted]容疑者が少年とデートに利用したゲームセンター。10年ほど前に離婚してから住み始めた自宅マンションは、両親が家賃を支払っているという(岐阜県[redacted]市[redacted]町)

イラスト 杉本 征

『東京スポーツ』より

た光景を書いているに過ぎない。かつてその中にいたという人を見つけ出して話を聞き、なるだけディテールを浮かび上がらせようとするが、できるのはそこまでだ。当事者が握っている情報にはかなわない。

その後も逆淫行事件は多発している。しかし、いつも同じ理由から取材は難しく、いつしか人々の記憶からも忘れられていく。そもそも被害に遭った男が警察に届け出るケースは極端に少なく、表面化した事件はその一部に過ぎない。他の事件の概要を最後に列挙しておこう。

まだある女の逆淫行事件

自分の友人の子供と男女関係になった女

千葉発……2001年4月

中学卒業後、すぐに結婚した友人の息子は、あれよあれよという間に大きくなった。千葉県木更津市在住のパートタイマーの女（30）は昔から彼を可愛がっていたが、友人が腰痛で体が不自由になってからは、自宅に泊めたり、学習塾の費用を立て替えたりするうちに〝母親代わり〟ではなく、一介の女として彼を愛するようになった。

「私が女のことを教えてあげる。まだシタことないんでしょう」

友人の息子と性的関係を持ったのは2年前のことだった。当時、息子は中2。その関係は80回以上に及び、息子が高校に進学した頃、思い切って友人に打ち明けた。

「あんたの息子が好きになったの。付き合わせて」

さすがに驚いた母親は警察に相談。アワレ、女は児童福祉法違反容疑で逮捕された。

北海道発……2003年4月
中2男子が16歳になるまで自宅でセックス漬け

トラック運転手の夫と別居していた主婦（30）は、寂しさから出会い系サイトにのめり込み、近くに住む中2男子と知り合った。最初の頃はセックスさせてくれるわ、食事はおごってくれるわ、服は買ってくれるわで、少年も喜んで一緒にいたが、そんな生活が2年も続くと、さすがにイヤになってきた。

「何でオレは浮気を禁止されて、こんなオバさんと毎日セックスしているんだろう…」

少年は自分が情けなくなり、主婦のもとから逃げ出した。とにかく女の手から逃げなければならない。少年も必死だった。そこで主婦はどうしたか。何と、近所の交番に「私が世話をしていた少年がいなくなった。捜してほしい」と届け出たのだ。事情を聴かれるうちに少年に対する淫行が発覚。主婦は道青少年健全育成条例違反で逮捕された。

お遍路の15歳米国人少年に岡惚れした弁当屋店主

愛媛発…………2004年10月

父親の仕事の都合で日本へ来ていた15歳米国人少年は、四国八十八カ所の霊場巡りに興味を持ち、お遍路姿で巡礼していた。

そのとき、風で飛ばされた笠を拾ってくれたのが、道中の弁当屋の女主人（49）だった。

「ドウモ、アリガトウゴザイマス」

「まァ、何て可愛いのかしら…」

一目ボレした女主人は、少年から連絡先を聞き出し、再会した途端、ラブホテルに連れ込み、童貞を奪った。さらに1カ月近くも自宅に泊まらせ、毎晩のようにセックスを迫った。その後、少年が自宅に帰ると、「早く会いたい」と頻繁にラブレターを送り、不審に思った父親が問いただして、2人の関係が分かった。

「親切にされたので、断りきれなかったんだ…」

まさに熟女が己の欲望のままに少年を手ごめにしたという典型的な逆淫行事件だ。女主人は児童福祉法違反容疑で逮捕された。

三重発…………2005年3月

教え子の男子生徒と結婚のために退職して出産

三重県桑名市の工業高校に勤めていた家庭科担当の女教師（32）は、教え子の男子生徒（17）と親密な関係になり、肉体関係を持ってしまった。しかも、子供を妊娠してしまったのである。

女教師には別の学校に勤める教師の夫と2人の子供がいたが、男子生徒の子供を出産することを決意。それで離婚問題に発展した。

しかし、女教師は男子生徒との〝愛〟を選んだ。男子生徒が18歳になったら結婚する約束をしていた。その報告を受けた学校側は、男子生徒を「自主退学」させた。男子生徒の母親は激怒し、女教師との結婚に反対したが、父親が承諾したため、2人は結婚。今は学校とはまったく関係ない世界で、幸せに暮らしているという。

女教師は県青少年育成条例違反で取り調べを受けたが、男子生徒との関係が「本物の純愛」と認められて、罪には問われなかった。

滋賀発……………2005年9月

間違い電話で知り合った少年と2年間交際した女

滋賀県大津市在住の女（36）は、携帯の見知らぬ着信コールに出てみたところ、隣市に住む高1少年とつながった。

「あっ、○○かい？」

「いいえ、違いますよ」

「あれ、女の人ですか。間違えてごめんなさい」

何と、これがきっかけで恋の花が芽生え、女は「遊びにおいでよ」と自宅に誘い、少年と肉体関係を持った。そんな関係が2年間。だが、少年に新しい恋が芽生え、別れ話を切り出してくると、女はこんな条件を突きつけた。

「毎月3万円の慰謝料を払え。それが男のケジメってもんよ」

困り果てた少年は警察に相談。女は恋の過ちでは済まされず、県青少年健全育成条例違反容疑で逮捕された。

埼玉発……2006年11月

17歳少年に〝不適切な関係〟を求めた2人の保育士

埼玉県上尾市の児童養護施設で、入所していた少年（17）が、2年前から保育士の女（30）に〝不適切な関係〟を求められていたことが発覚した。断ると殴る蹴るの暴行を加えられることから、夜な夜な保育士のアパートへ行って、性的な関係を結ばされていたという。

これを受けて埼玉県警がさらに捜査を進めたところ、別の保育士の女（28）も少年を誘い、静岡県の温泉旅館に連れ出して性的関係を持っていたことも発覚した。2人はそろって「最初は親代わりとして接していたが、徐々に異性として意識するようになった」などと供述した。

少年は「もう顔も見たくない。これ以上、思い出すのも嫌」と話しているが、よほど母性本能をくすぐるタイプなのだろう。少年が羨ましい…いや、痛ましい。

佐賀発……2007年10月

元教え子の少年と愛の逃避行を続けている女教師

事件当日の朝、女教師（42）は勤務先の中学校に突如有給休暇を申請。そのまま家に戻らず、夫から捜索願が出された。女教師は6日後、元教え子の少年（16）と一緒にドライブしているところを交通検問で発見された。大分県の温泉旅館などでセックス三昧していたという。

女教師は未成年者を深夜に連れ回したとして、罰金10万円の略式命令を受けた。ところが、これで終わらない。女教師は少年の中学3年時の担任で、「在学中から肉体関係があった」と、県教委の事情聴取に対しても認めた。

これが原因で懲戒免職となり、夫にも離婚されたが、女教師はその後も少年と逃避行を続け、現在はフランチャイズ飲食店の店長となり、少年とアパートで同居しているという。ここまで貫けば、真実の愛なのかもしれない。

奈良発……2008年5月

小学校講師の秘密が表沙汰になったきっかけ

奈良県奈良市在住の小学校講師の女（25）には〝私生活の秘密〟がいくつもあった。純愛とはいえ、無職少年（17）とアパートで同居。市教委には実家に住んでいることにして、その差額の通勤手当をネコババしていた。

それが一気にバレる日がやって来た。「私傷病」で特別休暇を取り、三重県にドライブに行った際、帰りの国道で無免許の少年に車を運転させた。それが交通検問でバレてしまい、停車を命じられると、すぐさま運転席と代わり、「自分が運転していた」と主張したのだ。

女は犯人隠匿容疑、少年は道交法違反容疑で現行犯逮捕された。市教委はこれまでの通勤手当の返還を請求。女はいたたまれなくなって小学校を退職した。しかし、少年とは「真摯な交際」が認められ、淫行などには問われなかった。これはこれで幸せなのかもしれない。

娘の同級生の中3少年をホストクラブで働かせる

岐阜発……………2008年7月

岐阜県瑞穂市在住のスナックホステス(36)は、ホストクラブに入り浸っているダメな女。飲み代のツケがたまり、店を出入り禁止になる寸前になったとき、妙案が浮かんだ。「私の娘の友達でカッコイイ子がいるのよ。私の言うことなら何でも聞くわ。彼をここで働かせるから、ツケを帳消しにしてよ」

ホステスは中3少年とホテルで肉体関係を持ち、「社会勉強になる。知人の店を紹介してあげる」などと甘言を絡め、ホストクラブを斡旋。1カ月ほどタダ働きさせて、自分の飲み代のツケと相殺させた。

その後も女は少年と関係を持っていたが、少年は自分がやっているこのおかしな状況に気付き、両親に相談。ホストクラブが摘発され、女の悪事も発覚。女は児童福祉法違反容疑で逮捕された。

愛知発……2008年7月

交際を断られてヌード画像で誘ったストーカー女

愛知県名古屋市在住の独身の女（34）がネットのオンラインゲームで高2少年と知り合ったのは4年前のこと。最初はメールを交換するだけだったが、少年が高1のとき、肉体関係を持ってから、女のストーカー化が始まった。

自分のホームページに自分のヌード写真を張り付け、「張ったから見て」と誘惑。「アンタに見てもらいたくて張ったのに、会ってくれないなら、学校に行ってアンタに弄ばれたって言いふらすわよ」などと脅し、交際を強要。自宅付近にも現れ、近くの自転車カゴに「○○君は私にこんなひどいことをしました」と書いた手紙を入れるなど完全にストーカー化。少年の携帯には900件までメールが入るが、700件までがその女のメールで埋め尽くされていた。困り果てた少年と家族が警察に相談し、女は県青少年保護育成条例違反容疑で逮捕された。なかなかグラマーな女だったというが…。

佐賀発…………2014年8月

車の中で裸で寝ているところを発見された女教師

佐賀県の県立高校に勤める女教師（23）は、まだ教師になって2年目というフレッシュな逸材。ところが、それは生徒の目から見ても同じで、特定の男子生徒に「好きだ」「好きだ」と迫られ、交際することになってしまった。

2人は休日に会ってドライブ。ホテルに入って何度もいかがわしい行為をした。その関係は教師と生徒ではなく、6歳違いの恋人同士といった関係だった。その噂は学校中に広まり、知らないのは教職員だけという有様だった。

事件当日、女教師は公園に止めた車の中で生徒とカーセックスした。そのまま車内でまどろんで寝ていたところ、パトロール中の警察官に職務質問を受けた。女教師と生徒の身分が明らかになり、女教師は県青少年健全育成条例違反で書類送検された。そして案の定、懲戒免職になった。

長野発……2014年9月

関係を続けないとバラすよと男子中学生を脅迫

長野県安曇野市在住の無職の女（35）は、自分の長女と同級生である男子中学生（15）に目を付け、現金数千円を渡す約束で自宅に連れ込み、みだらな行為をした。

その後、男子中学生が「縁を切りたい」と言ったところ、「私との関係を続けないと、今までのことを知り合いにバラす」とLINEで脅迫。困り果てた男子中学生が家族に相談し、家族からの通報で女は脅迫と児童買春禁止法違反容疑で逮捕されることになった。

だが、女は「地元の祭りで使うための小遣いが欲しいと言うので渡しただけで、性行為の対価として渡したものではない」と言い張り、児童買春禁止法違反では不起訴になった。代わりに脅迫罪で略式起訴され、10万円の罰金を支払わされたが、淫行条例がない長野県の泣きどころである。

ダメと思ったけど…欲望が我慢できなかった女教師

兵庫発………2016年4月

兵庫県内の30代の女教師は教え子の男子生徒との関係で悩んでいた。悩みなどを聞くうちに母性本能が芽生え、ドライブなどに誘ったりするうちにキスをしたり体を触るなどの関係になってしまったのだ。

「ダメよ、こういうのは。いけないわ…」

いさめていたのは女教師の方だったが、男子生徒の情熱には勝てず、その後、4回も関係を持ってしまった。

「2人で会うのはよくないわ。今日こそはっきり言おう」

学年末、男子生徒を呼び出し、いさめるつもりだったのに、また関係を持ってしまった。しかも最悪なことに、その最中に警察官の職務質問を受けた。すべてがバレた女教師は県青少年愛護条例違反で取り調べを受けた。その結果、女教師は懲戒免職になった。

沖縄発……2016年8月

女教師が男子高校生を連れ出してカーセックス

沖縄県の学校に勤務する40代の女教師が、同県南風原町にある商業施設の駐車場に止めた車の中で、男子高校生にみだらな行為をしたとして、児童福祉法違反容疑で逮捕された。

この女教師がやっていたことは一事が万事。これまでにも何度も男子高校生を連れ出し、自分の性の欲望に使っていた。女教師は「地味なタイプ」というが、男子高校生は地元でも評判のイケメン。何やら立場を利用して不適切な行為を繰り返していた構図が透けて見える。

それでも女教師は容疑を否認。「相談に乗っていただけだ」と供述している。男子高校生は女教師から逃げたがっており、家族に相談。家族から通報を受けた沖縄県警が捜査していた。その結果、現場を押さえられるとは飛んで火に入る夏の虫だろう。

自分に夢中になってくれる男子高校生に夢中

高知発……２０１７年10月

高知県高知市在住のシングルマザーの女は（41）は、２人の子供を抱え、このまま歳を取っていくことに恐怖に近い感情を抱いていた。そんなときにネットで知り合ったのが富山県在住の男子高校生だった。

２人はメールで恋愛感情が芽生え、高知市内で会うことを約束。水商売をしているからか、とても41歳には見えない女に夢中になり、男子高校生は家出してまで、高知にやって来た。

「年下の彼氏が私にゾッコンなの。離婚してるし、キャリアウーマンでもない私だけど、若い子に魅力があるって思ってもらえるのはすごく嬉しいし、生き甲斐なの」

こんな話を職場の同僚にしていたというが、男子高校生の家族が通報して、警察官が迎えに来たので恋はジ・エンド。女は県青少年保護育成条例違反で逮捕された。

再三にわたって教え子と淫行した女教師

北海道発…………2018年8月

北海道帯広市の公立中学校の女教師（45）は、問題の生徒が中1のときの担任教師だった。やがて恋心が芽生え、複数回にわたり男子生徒を深夜に連れ出し、屋外に止めた車の中でいかがわしい行為を繰り返した。

中3の冬、母親がそのことに気付き、「2度とメールをしない」旨を約束させたが、生徒が高校生になってもこっそりLINEで連絡。女教師は別の中学校に異動していたが、母親は前任校に連絡し、「2度と接触しない」という念書にも署名押印させた。ところが、その後も2人は関係を継続し、高1の春休みには登別温泉で一泊旅行。

さらに高2になった4月にも深夜に連れ出し、車の中にいるところを警察官に見つかった。女教師は道青少年健全育成条例違反で書類送検されることになり、懲戒免職になった。

2章 乳児遺棄

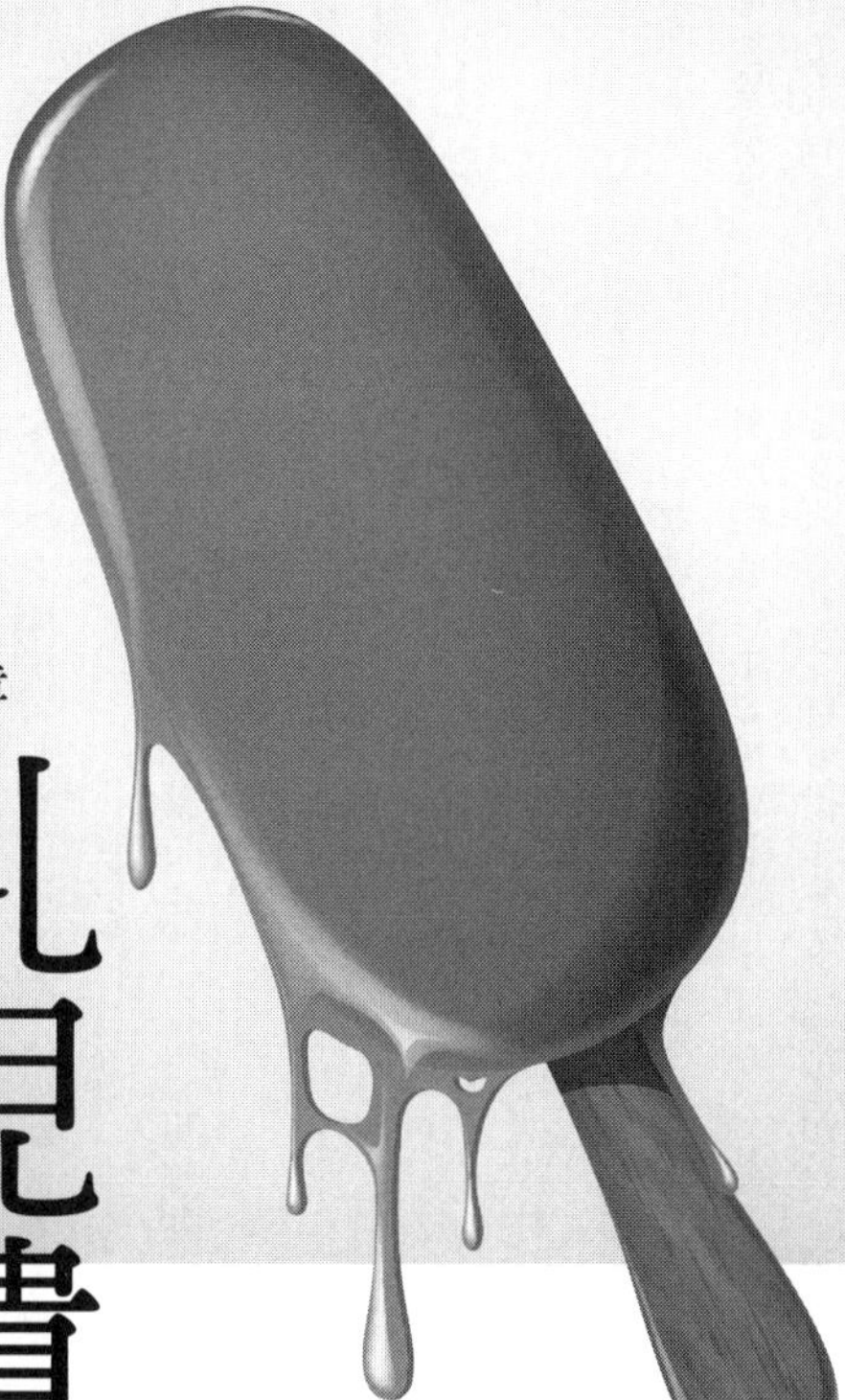

明治時代までは口減らしのため、赤ん坊の間引きが多かったという。

ここが現代と大きく違う点だが、愛憎のもつれによる事件以外で、最も多い女の事件が「乳児遺棄」だ。新聞ならベタ記事でしか報道されないが、その裏側は驚くほど複雑なことが多い。

望まない子供を妊娠して悩み、誰にも相談できず、堕胎可能な6カ月も過ぎてしまい、最後は厄介払いのために殺してしまうケースだ。

「生まれた赤ん坊がその日に殺される確率は、他の日より100倍高い。その殺された赤ん坊は、95％が病院で生まれていない」

こんなデータもあるという。

その原因は、女の無知に尽きる。厚労省は各都道府県に相談対処の整備や通知などを行っており、各都道府県は相談の電話などがあった場合、委託先のNPO法人（妊娠SOSネットワークなど）につなげる窓口の役割などを果たしており、NPO法人は助産婦等の資格を持った相談員が相談に応じている。

産んでも育てられないとき、もしくは今後も育てる意思がない場合は、赤ちゃんを育てたいという家庭に託して、幸せに暮らせるようにするという特別養子縁組という選択もある。養子縁組するための費用は一切かからない。子供が6歳になるまでは毎年養育報告を受けることができる。

出産時には、健康保険に加入していれば、「出産育児一時金」が支給されるので、書類さえ書けば、行政と病院の間で話がついてしまう。

また、住んでいる地域の役所で母子健康手帳をもらえば、妊婦検診費用もほとんどからない。健康保険や母子手帳をもらう手続きが難しい場合は、ＮＰＯ法人がフォローしてくれる。

妊娠中に定期検診を受けずに、出産を迎えることは、赤ん坊だけでなく、母体に危険が及ぶこともあるので、一緒に適切な病院を探してくれる。

こうした社会的なセーフティネットが張られていることを知らず、それを知るための行動も起こさず、乳児遺棄した後から自分の無知ぶりに気付き、「私は赤ちゃんを殺す必要なんて、何もなかったんだ」と嘆くのだ。

「赤ちゃんに申し訳ないことをした。赤ちゃんに名前を付け、一生このことを忘れず、供養していきます」

そんな女はこんな反省の弁を繰り返す。

今は「妊娠　相談」と検索するだけで、山ほど相談窓口が出てくる。そこへ電話1本すればいいだけだ。それでも同種の事件は起き続ける。それがなぜなのかをご考察いただきたい。

客と本番行為を繰り返して妊娠 我が子をトイレに流した ヘルス嬢

愛知発……『週刊実話』2008年7月24日号掲載

長らくキャバレーで働いていた吉田悦子（34）は、風営法改正を機にヘルスに転職することにした。「常連客には手淫する」という店のサービスが違法営業に当たり、「いずれは客層も変えて、新規キャバクラでやっていくしかない」という店側の方針が、三十路の悦子には合わなくなったからである。

悦子は大手ヘルス系列の面接を受け、人妻専門の店で働くことになった。さっそく風俗マスコミの取材も受け、顔を手で隠しているにもかかわらず、「妖艶な雰囲気の元高級クラブ嬢」という吹聴がウケて、早々と客が殺到する人気嬢になった。

「ホントに人妻なの？」

「実はバツイチ。18歳で結婚したんだけど、20歳で別れてね。それ以来、男性と縁がないの」

性的サービスもさることながら、悦子はテレクラにハマっていた時期もあり、男を喜ばせる会話のツボを知っていた。

そんな中で恋仲になったのが、妻子ある遠藤茂（41）だった。遠藤は初期の頃の客だったが、店外デートに誘い、泊りがけの温泉旅行に成功。

悦子が遠方の地方都市から店に出勤し、終電を気にしながら働いていることを知ると、「近くでマンションを借りたらいい。ボクが保証人になってあげるよ」と言って金を出し、すっかり信頼を得ることになった。

「ありがとう。これからはいっぱいエッチしようね！」

それ以来、2人は暇さえあれば、情事にふけるようになった。遠藤はそれだけでなく、自分の勤務先で働けるように斡旋した。

会社の事務室やトイレでこっそり卑猥な行為をするスリルを味わい、半年ほど夢のようなセクハラライフを楽しんでいたが、それがバレて社長に呼び出され、2人そろってクビになった。

遠藤は悦子との交際どころか、離婚危機に陥り、妻子と別居。必然的に悦子のマンションに転がり込み、就職活動したが、以前のような条件で働ける職場はなかなか見つからなかった。

悦子は再び風俗店で働くようになり、少しでも収入を増やそうと、店には内緒で「本番」を持ちかけるようになった。

「私と1万円追加でどう?」

「えっ、いいのかい?」

「お店には内緒にしてよ。あなただからOKするのよ」

こう言われると、たいていの常連客は1万円札を差し出してきた。

「旦那さんは店でこうやってしてることを知ってるの?」

「知るわけないじゃん。知ったら泣くよ」

「最近はいつしたの?」

「今日の昼間にしたよ。キャハハ…」

遠藤を夫に見立てて、あれこれ私情を話すと、客は喜んでリピートしてきた。悦子の客は常連ばかりとなり、本番の臨時収入があるので、以前のように半日出勤でラクに過ごせるようになった。

事実、遠藤は悦子が客と本番までしていることまでは知らなかった。妻との離婚は条件面で折り合わず、すぐに悦子と再婚することもできなかった。その点だけは慎重で、遠藤は常にコンドームを着けるようにしていた。

ところが1年後、悦子は客の子供を妊娠してしまったのである。

「どうしよう…」

あの人かもしれない、この人かもしれない…。心当たりを考えても、該当する客は十数人にのぼっていた。

遠藤が相手である可能性はゼロに近かった。何とか既成事実を作ろうとしたが、遠藤は頑なだった。

「今日はナマでしてよ」

「ダメだよ。妊娠させたら困るから」

「私が嫌いなの？」

「そうじゃないけど、今はダメだ」

悦子はますます遠藤に切り出しにくくなった。毎日腹の周りばかり気になり、中絶するにしても、遠藤にどうやって「病院に行く理由」を話すか、そればかり気にしていた。妊娠6カ月を過ぎると、法的に堕胎できない。「まだ時間はある」と思いつつも、妙案は浮かばず、客とはヤケクソで膣内射精するようになり、料金は1回2万円を取った。そんなふうだから、悦子の人気はさらに沸騰し、予約なしでは入れないプレミアム嬢となった。

5カ月後のある日の未明、悦子は激しい陣痛に襲われ、自宅のトイレで男の子を出産した。身長約33センチ、体重約880グラムの未熟児だった。

「何これ…?」

産声も上げず、もぞもぞと手足を動かす様子を見て、我が子を慈しむ感情どころか、自分に巣食っていた寄生虫の正体を見たかのような気になり、悦子はとっさに便器に放り投げた。

「このまま流しちゃえば、誰にも気付かれないわ…」

浅はかな考えと身勝手な被害者意識の末、悦子はタンクのレバーを回した。

ジャーッという音と共に、我が子は配水管の奥へと消えていった。

「これで安心だわ」

悦子は何食わぬ顔で眠りについたが、翌日、遠藤が「水が流れていかない」と騒ぎ出した。

吸引器で配水管の奥をかき出そうとしても、まったく埒が明かない。遠藤が「業者を呼ぼう」と言うと、悦子はうろたえた。

「昨日、生理用品を流しちゃったのよ。恥ずかしいから呼ばないで」

「何言ってんだよ。このままじゃ困るだろ」

「公園のトイレとか行けばいいじゃん」

「バカなことを言うな」

遠藤はかまうことなく業者を呼び、やってきた業者が配水管を調べ、詰まっていたのが赤ん坊であることを確認したのである。

「どういうことなんだ！」

「……」

「オレの子供なのか？」

「分からない…」

「誰の子供なんだ、心当たりを言ってみろ！」

やむなく悦子は客と本番行為を繰り返していたことを打ち明け、「人数が多すぎて見当がつかない」と告白。遠藤は烈火のごとく激怒した。

「おまえ、そんな女だったのか！」

「私だって、もっと早く相談したかったのよ！」

壮絶な痴話ゲンカに立ち会うことになった業者は、赤ん坊をポリ袋に詰めてベランダに置き、「配水管から赤ん坊らしいものを発見した」と110番通報。悦子は駆けつけた警察官に死体遺棄容疑で逮捕された。

公判が始まると、悦子は起訴事実を全面的に認めた。

「本当に申し訳ない。何て愚かなことをしたんだろうと思います。最低な行為でした」

裁判所は「実の子を遺棄する無慈悲な犯行で、刑事責任は重い」としながらも、「被告人は一貫して犯行を認め、反省している」として、懲役1年6月執行猶予3年の判決を言い渡した。

快楽の果てには命が宿るかもしれないことを忘れてはならない。司法解剖の結果、赤ん坊の死因は水死と分かった。

静岡発…………『週刊実話』2009年1月22日号掲載

客の子供を妊娠して「育てられない」赤ん坊を殺したデリヘル嬢

佐藤由貴（31）は男でつまずき、転落していった〝不幸な女〟だった。

高校中退後、病院の食堂で働き始めた由貴は、そこで小野明という3つ年上の男と知り合い、交際するようになった。若い2人は会うたびに情交を交わし、由貴が18歳のとき、長男を身ごもり、結婚することになった。

しかし、小野は妻子のために働くような男ではなかった。何の仕事をしても、1週間と持たず、シンナーに明け暮れる毎日だった。同居中の小野の両親は息子を叱り、常に由貴に味方したが、21歳のとき、長女を出産しても、小野のそんな生活態度は変わらなかった。

続いて23歳のとき、第3子を妊娠。それでも働こうとしない小野に業を煮やした由貴は、小野が大事にしているトルエンの入った缶を庭にぶちまけた。「もういい加減にしてよ！」という意思表示である。

ところが、それを知った小野は阿修羅のごとく怒り狂い、妊娠中の由貴の腹を何度も蹴り上げ、髪を引っ張って庭中を引きずり回した。由貴は縁石に頭をぶつけて、頭を十数針縫うケガを負った。それを見ていた5歳の長男は、涙をポロポロとこぼして慰めた。

「ママ、もう痛い思いをしなくてもいいよ。パパはもうダメだよ…」

これで由貴は離婚を決意。赤ん坊が流産してしまったので、由貴は子宮内の異物を取り除く手術をすることになった。

その病院で知り合ったのが2番目の夫となる川島紀之だった。トラック運転手の川島は、身長180センチというガッチリとした体格。小野からの脅迫電話にも怯えていた由貴は、「誰かに守ってもらいたい。女ひとりでは怖い」との思いから、退院後に川島と連絡を取り合うようになり、自然と男女の仲になった。半年後には妊娠が判明。由貴は長男と長女を連れて、川島のマンションで同居することになった。

ところが、川島の正体は小野以上のＤＶ男だった。自宅に友人を呼んで、子供と一緒に遊んでいると、「オレが仕事をしているのに、お前は遊んでいるのか！」と言って、殴る蹴るの暴力を振るった。その暴力は子供にも及び、由貴が止めようとすると、ベランダから突き落とそうとしたり、失神するまで首を絞めるなど、「命の危険」を感じさせるほどだった。

そのストレスから由貴は流産し、2度目の結婚もわずか半年で離婚した。

そんな傷心の由貴を慰めていたのが、出会い系サイトで知り合った細田雅人である。細田はジゴロのような男だった。「由貴は悪くない」「一緒に考えよう」などとマメに気遣ったかと思えば、肉体関係を持っても、「オレは借金があるから、由貴を現実生活で満足させられない…」と突き放すなど、由貴の恋愛感情を巧みに揺さぶり、1年がかりで由貴を自分に引きつけた。

「借金なんか2人で返せば、いつかなくなるじゃない。ずっと私のそばにいてよ！」

借金1000万円を由貴に肩代わりしてもらう約束で、細田は由貴との同棲生活を始めた。「病気で働けない」という細田に代わって、由貴はデリヘル勤務を始め、一家の大黒柱となった。細田の借金の返済額は月20万円。残りが生活費だった。

そんな生活が6年余。しかし、その間に「同居男性が由貴の子供を虐待している」という連絡が学校から由貴の親元に入った。とりあえず、長男が児童福祉施設に保護されることになり、実家の両親は「そんな男とは別れろ！」と説得したが、由貴は聞く耳を持たなかった。

話し合いをしようと何度もアパートへ訪ねて行っても、玄関も開けず、電話にも出ない娘。両親はホトホト困り果て、孫の身の上だけを案じていた。そして、取り返しがつかない事件が起きたのである。

1年前の春、由貴はデリヘルの客に呼ばれて、ラブホテルに入った。そこには体格のいい30代の男がいた。プレイするうちに「本番をやらせろ」と迫られ、由貴がやんわりと断ると、男は顔面を殴りつけて怒鳴ってきた。

「お前、こんな商売やってるくせに気取るんじゃねぇよ。さっさと股開けや！」

由貴は強姦気味に本番行為をされ、「中には出さないで…」という懇願もむなしく、ドクドクと子種の液を流し込まれた。さらに男はこう脅してきた。

「お前、このことを誰かに言ったら、どこまでも探して追い詰めるからな。店に言ったら店ごと潰してやるぞ！」

この一件で由貴はデリヘル勤務を辞めた。ところが、それから生理が一向にこず、さすがに半年も経つと、妊娠をはっきりと自覚するようになった。

「どうしよう…。これは彼の子供じゃない。彼に知られたら、家を出て行ってしまうかもしれない。それだけはイヤ」

妊娠のことを考えると、強姦の悪夢もよみがえってくるので、由貴は意図的に「考えない」ことにした。「そのうち来るわよ」と漫然と考え、法的に堕胎可能な6カ月を過ぎると、「もし生まれたら殺してしまおう。妊娠自体をなかったことにすればいい」と考えるようになった。

奇跡的に腹部があまり膨らまなかったことと、細田とセックスする際には必ず部屋を真っ暗にしていたので、妊娠に気付かれることなくやり過ごした。

デリヘルを辞めてから、代行運転手に転職していた由貴は、その勤務中に陣痛に襲われた。同僚の女性に自宅に送ってもらい、細田が由貴の車を会社まで取りに行っている間に、由貴は自宅のトイレの床に女児を産み落とした。

「オギャー、オギャー」

その声を聞いて、9歳の長女が飛び起きてきた。

気付かれた以上、味方にするしかないと考えた由貴は、「バスタオルとはさみを持ってきて。あとビニール袋も。台所にあったでしょ」と指示して、必要なものをトイレに持ち込ませた。

自分でへその緒を切り、赤ん坊をバスタオルで巻いて、ビニール袋に入れる作業は長女に手伝わせた。そして、厳重に袋の口を結び、緑茶のペットボトルを入れていた段ボールの中に女児の遺体を入れ、子供部屋の押し入れに隠した。細田に最も見つからない場所と考えたからだ。

「いいかい、このことは絶対に誰にも言っちゃダメだよ。ここにいられなくなっちゃうし、お母さんが悪者になっちゃうんだからね！」

だが、長女はそのことで悩み苦しみ、半年後には精神的におかしくなってしまった。ついに耐え切れなくなり、学校の先生にすべてを打ち明けた。それで警察の家宅捜索が入り、由貴は死体遺棄と殺人容疑で逮捕された。由貴は涙ながらに供述した。

「子供がいなければ、今の生活を続けられると思った。赤ちゃんを産み落としたとき、はっきりと強姦した客の顔が頭に浮かんできた。私が働かなければ、彼が家を出て行ってしまうのではないかと思った。彼の子供でなければ、あとあと問題が生じてくる。やっぱり育てられないと思った」

由貴は取り調べではずっと泣き通しだったという。

同棲相手だった細田は、由貴の公判に情状証人として出廷する予定だったが、その直前に行方をくらました。それでも由貴は目が覚めない。

「今後の生活については、彼と話し合って決めたい。彼は周囲が言うほど悪い人じゃない。確かに体は弱いけど、他の面でいろいろフォローしてくれている。できれば彼と同棲生活を続けたい」

殺した女が悪いのか、強姦した客が悪いのか、デリヘルに勤務させていたヒモが悪いのか。いずれにせよ、身勝手な理由で女児が殺されなければならなかった理由は一切ない。事件のツケは一番弱いところに直撃したのである。

静岡発……………『週刊実話』2015年7月30日号掲載

自宅に複数の赤ん坊の死体を隠していたお座敷コンパニオン

島野春香（28）は複雑な家庭で育った。母親と入籍していない父親との間に長女として生まれ、その下に妹2人がいるが、父親とは幼い頃に一度会ったきりだ。その後、母親は別の男と交際を始め、種違いの弟と妹ができたが、母親はこの男とも入籍していない。つまり、全員が私生児として育っていたのである。

春香は真面目に学校へ行っていたが、同級生の男子高校生と付き合うことになり、高2の冬に妊娠するという騒ぎを起こした。そのことを知った母親は「うちにはそんな余裕はない。出産費用もない」と激怒した。

春香は「自分で何とかする」と高校を中退。18歳で長女を出産すると、定時制高校に入り直し、昼は旅館で働き始めた。

だが、父親である男子高校生とは「卒業したら、結婚しよう」と約束していたはずなのに、些細なことからケンカ別れしてしまった。

春香の母親はその男子高校生を呼び出し、「そんな無責任な話があるか！」と怒鳴りつけると、「じゃあ、赤ん坊は引き取ります」と言って連れて行ったが、「やっぱり面倒見切れない」と早々に返してきた。結局、春香の長女は祖母と叔母が育てることになった。

そんな状況であるのに、また春香は新たな男と交際を始めた。それがのちに夫となる島野遼平だった。春香は長女をほったらかして遼平と同棲。まだ10代だった遼平は狂ったように春香の体を求めた。その結果、春香は早々と妊娠することになった。

「こうなったら責任取ってよね。私は高校時代に前カレのことで失敗してるし、お母さんみたいにシングルマザーになりたくないわ」

「わかったよ…」

こうして2人は長男を授かったことをきっかけに結婚。春香は22歳、遼平は19歳だった。祖母に預けていた長女も引き取り、4人で暮らすようになった。

ところが、遼平は全く働かない男だった。文句を言えば、殴る蹴るの暴力を振るう。あばら骨を折られて警察を呼ぶ騒ぎになったこともあった。

その実態を知った母親は離婚を勧め、春香は子供2人を抱えて実家に帰った。春香は子供を養うため、ファミレスとお座敷コンパニオンの仕事を始めるようになったが、そこからは堰を切ったように男関係が派手になり、子供の世話を母親に押し付けて、自分は朝帰りするようになった。

金が目的ではなく、肉体のほてりを抑えるためという春香に次々と男たちは群がった。春香は地元で有名な発展家となり、その噂は元夫の遼平の耳にも入ることになった。

「頼む、もう一度オレとやり直してくれ。お前が他の男に抱かれている姿なんか、想像したくない。今度はちゃんと働くよ。一緒になってくれ」

春香は再度、遼平と同棲を始めた。そのことを知った母親は「あんな男はやめなさい」と反対したが、子宮で物事を考える春香には通用しなかった。

遼平は「本気の証しだ」と言って何度も膣内射精。春香は25歳のとき、22歳になっていた遼平と再婚することになった。ところが1年後、また春香が妊娠し、今度は双子であることが判明した。

「わぁー、今度は産みたいわ。私、双子を産むのが夢だったんだー」

こう言われれば、遼平も反対できなくなった。春香は次男、三男を出産。子供が4人に増え、あまりのにぎやかしさに遼平は喜ぶどころか、育児に疲れて仕事にも行かなくなった。その結果、2度目の離婚をした。

春香は子供4人を連れて実家に戻った。実家には種違いの弟と妹がいたので、計8人の大所帯となった。その後、三男がうつ伏せで寝ていて窒息死するという不幸があり、7人家族となったが、春香はファミレスとお座敷コンパニオンの仕事を復活させ、生活保護を受けながら子供を育てていた。

だが、また複数の男と付き合うようになり、今度は誰が父親なのかわからない子供を妊娠してしまい、生活が手一杯で中絶費用を捻出することもできず、春香は誰にも相談しないまま、自宅で赤ん坊を出産した。

その赤ん坊は直ちに殺し、ビニール袋に包んで発泡スチロールの箱に入れ、自室の天井裏に隠した。

そのことは誰にもバレなかった。完全犯罪だ。その後も同じような生活を続け、春香は油断したのか、半年後にはまた同じように父親のわからない子供を妊娠した。

行きつけのレディースクリニックへ行くと、「18週目ですね」と言われた。だが、中絶を希望している旨を話すと、「12週目以降は死亡届を出さなければならなくなるので、当クリニックでは対処できない。紹介状を書くので、別の産婦人科医院へ行って欲しい」と言われた。

春香は「このままでは中絶費用も高くつくだろう」と考え、「生まれてきたらまた殺せばいい。そうすれば1円もかからない」と殺害の決意を固めた。以後、春香は一度も病院へ行くことなく、陣痛の日まで我慢した。周囲には「太ってきただけ」「便秘気味なの」と言ってごまかしていた。

事件当日、春香は勤務先のファミレスで破水し、心配する上司に「私、膀胱炎を患っていまして…。オシッコを漏らしちゃったんです」と言ってごまかした。

その日は早退することになり、春香は自室で陣痛と戦っていた。夜中に一人で出産。生まれたのが女児であることはわかったが、敷布団パッドに包んですぐに殺害し、自室の押し入れの衣装ケースの中に隠した。翌日に母親に布団の上の血痕について気付かれたが、「生理痛がひどいだけ」と言ってごまかした。

また今度も完全犯罪が成立するかと思いきや、事件は意外なところから発覚することになった。春香の子供が通う保育園の父兄の中に市役所の職員がいて、「明らかに妊娠していたはずなのに、子供の出生届も死亡届も出ていない」と不審に思い、児童相談所に通報。そこから110番通報が入り、警察が駆けつけたのだ。

春香は面食らったが、それでも「私は子供など産んでいない」「太っていただけ」と言ってごまかそうとしたが、警察に任意同行を求められると、母親に「子供の死体は部屋の中に隠してある」と打ち明けた。

「やっぱり、お前は…‼」

警察が最初に家宅捜索で発見したのは、天井裏に隠された1年前に殺した赤ん坊の死体だった。もはや原形もとどめないほどに腐敗していた。警察が追及すると、赤ん坊の死体は2体あることを自供した。その後、押し入れの中の衣装ケースに隠されていた2体目の赤ん坊の死体も発見された。春香は殺人と死体遺棄容疑で逮捕された。のどかな住宅街で突如起こった猟奇的な事件に地元は騒然となった。

「子供を育てる手間や金がなく、家族全員が困ってしまうと思った。最初から殺す気だったので、産んだときの生死は確認していない」

春香は初犯にもかかわらず、「身勝手で無責任」と断罪され、懲役5年6月の実刑判決を言い渡された。

哀れなのは残された子供たちだ。11歳になる長女は事情を理解しているというが、6歳の長男は精神的におかしくなり、網戸をはさみで切ったり、ゴミ箱にオシッコをするなど奇行が目立っているという。2歳の次男は「ママはどこへ行ったの？」と毎日探しているという。

一家は地域で浮き上がってしまい、子供たちは学校や保育園にも行けなくなってしまった。これが事件のツケというものだろうが、人間は突然こうなるわけではない。長い年月が積み重なったなれの果てなのだ。

大阪発……『週刊実話』2011年1月27日号掲載

父親の分からない赤ちゃんを秒殺したある売春婦の男遍歴

稲垣美穂（30）は高校時代までは普通の少女だったが、製菓会社に就職してパチンコを覚えてから、人生の歯車が狂った。

わずか半年でサラ金5社から計100万円を借りるほどのめり込み、そのことが両親にバレると、「叱られるのがイヤ」と家出した。

会社も辞めて、男の家を渡り歩き、パチンコ資金を作るためにテレクラ売春に明け暮れ、そこで知り合った最初の夫と結婚した。

だが、結婚後もパチンコ狂いは治らず、そのためにまたテレクラ売春を繰り返し、その実態を知った夫とは大喧嘩に発展。3年後には離婚した。

その後、何も制御するものがなくなった美穂は、完全にストリートガールに転落する。売春で生計を立て、ネットカフェやビジネスホテルなどを転々とした。

金の使い道はパチンコと酒とタバコ。美穂は「中出しOK」だったため、美穂が根城にしていた売春スポットでは有名人になった。

2年前の初夏、美穂は父親が分からない子供を出産した。何度も売春しているうちに妊娠してしまい、母親になる決意も出来なかった美穂は、ズルズルと臨月まで迎えてしまい、医師の診断を一度も受けることなく、路上で産気づいて救急車で運ばれたのだ。

そのときになってようやく消息が分かった両親は、自堕落な生活をしていた娘に激怒。生まれた子供どころか、美穂の身柄を引き取ることさえ拒否した。

子供は乳児院に預けられることになり、美穂は母子支援生活センターに入所して、行政の指導を受けることになった。美穂はあきれるほど金銭感覚がなく、生活をするための社会的スキルが乏しかった。

それでも行政の指導でプラスチック工場で働くことになり、親にも謝罪して仕送りを始め、休みの日には子供にも会いに行くようになった。

だが、そんな生活も1年ともたなかった。美穂は生活が安定すれば、母子支援生活センターに「徴収金」を支払わなければならないことに反発を覚え、「自分で稼いだ金なのに納得できない」と駄々をこねた。

結局、規則が多い施設の生活にも嫌気がさし、職員らの引き止めにもかかわらず、自分でアパートを借りて新生活を始めた。

それをきっかけに元の生活に逆戻り。仕事も辞めてしまい、子供に会いに行くこともなくなり、わずか3カ月後には家賃の滞納が始まった。

美穂はその後始末すら面倒になり、新たに交際を始めた彼氏の家で同棲を始めた。そのアパートの保証人になっていた両親は、大家からの連絡で実態を知り、「もう2度と助けない！」と激怒。サジを投げたのである。

一方、すべての面倒な生活から逃れた美穂は、新しくできた彼氏の家で朝から晩まで情事に明け暮れた。もともとテレクラで知り合った彼氏は、美穂の「訳あり」という事情を全く知らなかった。

「貴方と出会えたから、私は救われたの。お願い、私をひとりにしないで。私の過去を忘れさせて」

そんなセリフを頭から信じ、美穂に首ったけになっていたのだ。

だが、やがて美穂は衣食住が満たされているだけでは満足できなくなり、また彼氏の目を盗んでパチンコに出かけるようになった。

収支が問題ではなく、リーチがかかる電子音や大当たりの演出を見るために湯水のように金を使い、また金が足りなくなれば、いつもの売春スポットに立って、テレクラ売春を繰り返す悪循環。

「ゴムはつけなくてもいいけど、外に出してね。彼氏にバレると怒られるから」

こんなことを言って、1回1万円で売春していた。

ところが、わずか3カ月後にはまた妊娠してしまったのだ。もちろん、今回も誰が父親かは分からない。彼氏に相談したら、別れ話を切り出されそうな気がして、またズルズルと臨月を迎えてしまった。

事件当日、以前と同じように陣痛を感じた美穂は、朝から彼氏の家を出て電車に乗り、あてどなく放浪した。

「この辺で産んだら、また以前と同じ母子支援生活センターに入れられる。そうなったらまた説教されるに決まっている。できるだけ遠くへ行って、赤ちゃんは産んだらすぐに殺そう」

美穂はそう決意を固め、電車で揺れながら、産気づくのを待った。

約3時間後、そのときがやってきた。美穂は急いで電車を降り、その駅の女子トイレに駆け込んだ。

便器に腰かけて、力みながら自力で赤ちゃんを出産。だが、「オギャア」と1回産声を上げた時点で、右手で首を絞めて殺した。その時にオシッコをしたので、股間を見て、女児であることが分かった。

「私が悪いんじゃない。望まないのに生まれてくるアンタが悪いのよ…」

美穂は確実に死んだのを見届けるため、1分ほど赤ちゃんを抱いて、それから個室の外に出た。


「どこかへ始末しなきゃならない…」

美穂は持っていた白いビニール袋の中に赤ちゃんを入れ、隣の個室に隠した。赤ちゃんを産んだ個室が血だらけだったからだ。

その足でコンビニにバッグを買いに行き、赤ちゃんを詰め直して駅のコインロッカーに収納した。

そして、何食わぬ顔で逃走。元の生活に戻り、相変わらずパチンコと売春を繰り返していた。

数日後、コインロッカーの管理会社が赤ちゃんを発見した。警察に届けて、駅の防犯カメラを確認したところ、美穂が問題のバッグをコインロッカーに詰めている様子が映っていた。

「こいつは…‼」

警察はすぐピンときた。かつて売春常習者として事情聴取したこともある〝マル対〟だったからだ。美穂は誰かに管理されていたわけではなく、自らすすんで売春していたため、保護対象にもならず、いわば有事に備えて泳がされていたのである。

警察は駅の防犯カメラなどから、美穂の行動の一部始終を確認。コンビニの防犯カメラでも、美穂が同時刻に同じバッグを購入している姿が確認された。

3週間後、美穂は根城にしている売春スポットで、いかつい身体の男たちに取り囲まれた。

「稲垣美穂さんだね？」

「な、何でしょう？」

「××駅のコインロッカーに詰められたバッグの件で、聞きたいことがある」

「…バレちゃったの。だったら仕方ないわ」

美穂は殺人と死体遺棄容疑で逮捕された。美穂は容疑を認め、淡々と自供した。

「赤ちゃんが生まれても、養育する自信がなかった。父親も誰か分からず、赤ちゃんを抱えていると生活が困難になると思った」

その口ぶりからは反省の色も見受けられず、事件を知った母子支援生活センターの職員から、「だから、あれほど施設から出てはいけないと言ったのに…」と指摘されても、ふて腐れているだけだった。

美穂の両親は「もう娘は私たちの手に負えない。正直、顔も見たくない。娘の減刑を求める気はありません。美穂の場合、一度きつくお灸を据えるべき。実刑にして下さい」と訴えた。

美穂は妊娠中もタバコや酒を控えることもなく、出産直前まで売春を続けていたという。もはや母親である前に人間としてどうだろうか。こうした女を増長させているのも、買春客なのである。

大阪発……………『週刊実話』2018年8月16日号掲載

乳児4人をコンクリ詰めして20年以上も押し入れに隠していた鬼母

「あの…、すみません」

「何でしょうか？」

「私、20年以上前に子供4人を産んだんですが、バケツにコンクリ詰めして家に置いてあるんです」

「何だって？」

こんなことを言って、五十路女が唐突に交番を訪ねてきたのは事件当日の朝だった。

警察官が女の家を確認に行くと、押し入れから4つの段ボール箱が見つかった。そのうちの1つを開けたところ、灰色のポリバケツが見えた。付属のふたで密封され、その上から粘着テープで厳重に巻かれていた。

「これは…？」

「20年ぐらい前に一緒に住んでいた男性との間にできた子供です」

「なぜ20年も経ってから急に自首したのか？」

「それが…、なぜか今日、急に思い立ったんです」

警察はAi（死亡時画像診断）と呼ばれる技術で中身を調べ、「人骨で間違いない」との結論を得て、死体遺棄容疑で逮捕状を取った。

女の話が本当なら、死体遺棄罪の時効（3年）はとっくに成立している。だが、女は2年半前に現場のマンションに転居しており、その際に遺体の入ったバケツを搬入した行為が〝新たな遺棄行為〟を構成すると判断された。こうして逮捕されたのがパート従業員の宮崎由美子（53）である。由美子は20年以上も抱え込んできた自分自身の〝秘密〟について語り始めた。

由美子は中卒後、1回の婚姻歴があったが、バツイチとなり、地元の葬儀会社で働き始めた。

そこで知り合ったのが子供たちの父親でもあるA氏だった。A氏は20歳以上も年上だったが、同棲して一緒に暮らし始めた。

「それで、なぜA氏と再婚しなかったんだ?」

「当時は金銭的にも困ってて…。生活保護を打ち切られたくなかったので、籍は入れませんでした」

由美子は「生活が苦しい」と言いながら、極度のパチンコ狂で、A氏と同棲してからも常に家計は火の車だった。それなのに家族計画は無視しており、避妊は全くしなかった。

最初に妊娠に気付いたのは、同棲して間もない27歳のときだった。もともと太り気味だった由美子はA氏にも気付かれることなく隠し通し、自宅で男児を出産した。「金銭的にも育てる余裕はない」と思った由美子は、赤ん坊をタオルに包んでビニール袋に入れ、数珠と防腐剤も同梱してバケツに寝かせ、その上からコンクリートを流し込んだ。

次に妊娠したのがA氏との間の第1子となるケンタだった。ケンタについても隠し通そうとしたが、途中で妊娠に気付かれ、やむなく出産することにした。

だが、生まれて来ればかわいいもので、由美子もA氏も純粋にケンタをかわいがった。周囲の目にもよき両親と映っていた。

ケンタが生まれた翌年にも男児を出産、さらに翌年にも女児を出産、その翌年にも女児を出産した。だが、いずれも「育てられない」という理由で、生まれた直後にコンクリート詰めにしていた。由美子は「1人は動いたので口にティッシュを詰めた。あとの3人は動いたり、泣いたりしなかった」と言う。もはや真実を確かめるすべはない。

それから2年後の34歳のとき、第2子としてコウが誕生した。コウも途中でA氏に妊娠に気付かれ、「もうそろそろ生まれるやろ?」と言われたので、出産せざるを得なくなったのだ。

だが、由美子のパチンコ狂が一向に直らないため、コウが生まれて3年後、A氏は愛想を尽かして出て行ってしまった。その後、由美子は生活保護と児童手当とパートでケンタとコウを育てることになったが、それでもパチンコ狂は直らなかった。子供会の費用も払えず、わずか2400円の自治会費を3回分割で払うという有様だった。

それから年月は流れ、ケンタは21歳で結婚して家から出て行った。コウと2人暮らしになった由美子は、51歳のとき、転機が訪れる。それまで住んでいた文化住宅が取り壊しになり、事件現場となるマンションに引っ越すことになったのだ。

そこでも家賃を滞納するほど困窮し、事件発覚の4カ月前からは全く払っていない状態だった。

それに加えて、由美子はコウの将来について不安を抱えていた。過保護に育てすぎたためか、一人では何もできない。自分が一生懸命働いているのに、そのことを分かってくれない。この子は自分がいなくなってもちゃんとやっていけるんだろうか。そもそも自分は何のために生きているんだろうか。

事件発覚の1週間前、由美子は自分が生きている意味さえ分からなくなり、自殺を考えた。だが…。

(もし、このまま自分が死んだら、いずれ遺体が見つかって、そのときにコウは何も説明できないだろう。やっぱり、このまま放置しておくことはできない…)

由美子は警察に自首する決意を固め、すでに18歳になっていたコウを呼んだ。

「ずっと黙っていたけれど…、私は警察に行かなければならない理由がある」

「えっ、どういうこと?」

「この家には私が産み落とした4人の子供たちの遺体がある。ずっと言えなくてごめんね…」

そのときのコウの衝撃たるや、想像に難くない。

「お母さん、ボク、これからどうなるの?」

「分からない…」

「いつ帰ってくるの?」

「それは…、本当に分からない。17年か、18年は帰れないかもしれない。だけど、アンタは頑張って生きていくんだよ」

こうして由美子は近所の交番を訪れたのだ。

警察は当時の交際相手だったA氏を捜しあて、事情を聴いた。A氏は事件の経緯を聞いて仰天した。

「出産も遺棄も全く知らなかった。私の子だったら、相談してくれれば何とかしたのに…」

当局は4人の子供たちの死因も調べたが、結局、「殺人罪までは立証できない」として、由美子は死体遺棄罪のみで起訴された。

「4人のことは1日たりとも忘れたことがない。手放すことなんて、考えたこともなかった。いつも一緒に生活しているつもりで、4人には名前も付けていた。生年月日も覚えている。いくら謝っても謝り切れないが、本当に申し訳ないことをした…」

由美子は号泣して謝罪。事件後、市は4人の遺体を火葬し、由美子は「必ず引き取りに行く」と約束した。

だが、警察の捜査で由美子も知らなかった新事実も明らかになった。

Ａ氏の子供だとばかり思っていた最初に遺棄した男児の父親は、Ａ氏と付き合う前に交際し、しばらく二股をかけていた同じ職場のＢ氏の子供だったことが明らかになった。

「最初に殺したのは、その心当たりがあったからではないか？」

「それは違います。私はずっとＡさんの子供だと思っていました」

一人残されたコウはこれらの経緯をすべて知った上で、「お母さんを待っている」と支援を表明した。由美子はそのことについても号泣した。裁判所は「乳児の遺体をそのままの状態で残したいという身勝手な理由で、20年以上も押し入れに放置した行為は独りよがりだ」と断罪、コウの存在を考慮して懲役3年執行猶予4年の有罪判決を言い渡した。


乳児の存在を誰にも知らせず、自己の支配下に置き続けた場合、その行為は「葬送義務違反」という遺棄行為が継続しているとみなされる。つまり、死体遺棄の時効は成立しない。今回の事件も墓場まで持っていった方がよかったのかもしれないが、由美子にはせめてもの良心があったことが救いだろう。

客の子供を出産して殺害 本番デリヘル嬢とヒモ夫の〝児童手当不正受給計画〟

大阪発……『週刊実話』2013年11月7日号掲載

大嶽のぞみ（35）は教育熱心だった母親のスパルタ教育を受け、国立大学付属小学校に入学した。「頭の良い自慢の娘」として、系列の中学、高校へと進学したが、次第に成績が落ちてきて、高校時代から〝ギャル系〟としてブイブイいわせるようになり、二浪しても大学受験に失敗。代わりに専門学校へ進学したが、勉強に身が入らず、まもなくそこも中退した。

それからのめり込んだのが夜遊びだった。まるで優等生時代の鬱憤を晴らすかのように遊びまくり、その資金を得るために働き始めたのがキャバクラだった。

そこで将来の夫となるボーイの大嶽勇人（53）と知り合った。大嶽が18歳年上のバツイチの男と聞いて、のぞみの母親は交際に反対したが、24歳のときに長男を妊娠したことでなし崩し的に結婚。2人の仲を認めざるを得なくなった。

ところが大嶽は結婚した途端、仕事をやめてしまった。「自分は齢だし、お前が働いた方が稼げる」と言って、〝主夫〟になることを宣言。家事や育児を引き受ける代わりに、のぞみが生計を立てることになった。

のぞみの母親はそのことにも怒ったが、もともとのぞみは専業主婦に向かないタイプ。あっさりその申し出を承諾し、短時間で稼げるデリヘルで働くようになった。美人で巨乳ののぞみには客がよく付いた。

「ねえ…、ヤリたくなっちゃったよ」

「あら、本番はなしよ」

「そんなこと言わないで…、追加料金払うからさ」

「しょうがないわねぇ」

こんな会話を交わし、のぞみは複数の客と本番するようになった。いつしか夫とはセックスレスになり、夫婦仲も冷えていった。その反面、デリヘル客とは本番ばかりして、彼氏のような存在もできて、外泊して一週間も家に帰らないこともあった。夫はのぞみの浮気に気付きながら、「外で何をしていようと、金さえ入れてくれればいい」と無視していた。

それにかまけてのぞみは遊びまくり、フェイスブックにスキューバダイビングやスキー、ディズニーランドなどに何度も行ったことを記念写真とともに掲載していた。そこには家族の姿はなく、そのことを友人らに揶揄されても、〈子供は連れて行っていないのよー。今度は絶対韓国に行く！ 食べる！ 買うー!!〉などと返信し、意に介する様子も見せなかった。

そんな生活の末に客の子供を妊娠してしまったのは3年後のことだ。誰の子供かも分からないが、夫の子供ではないことは確か。のぞみはその事実をひた隠しにし、いきなり子供を出産して夫の前に現れた。

「ごめん、もう産んじゃったの…」

夫は仰天して唖然としたが、「子供に罪はない」と考え、「自分の子供として育てよう」と決意。次男として認知することにした。

「その代わり、もう2度とこんなことはしないようにしてくれ」

そのことを知って、のぞみの母親も大嶽を非難することができなくなった。むしろ2

人の子供のために家事や育児をこなしていることを評価し、だらしなく遊び回る娘に対して厳しく叱責するようになった。

ところが1年後、またものぞみが誰の子供か分からない子供を妊娠してしまったのだ。今度ものぞみはその事実を言えず、ひた隠しにしてまた出産しようとしたものの、出産直前の臨月になって、夫に気付かれてしまった。

「その腹は何だ！」

「えっと…」

「また妊娠したのか。2度と同じ手は食わんぞ！」

夫は怒ってのぞみを責め立て、母親を呼び出した。母親は事実を知り、「何てことを…」と嘆いた。

「それで堕ろせるのか？」

「それは大丈夫。まだ半年経ってないから」

「それなら中絶しろ。明日にも病院へ行け！」

だが、病院へ行ったところ、「37週5日」と診断された。法的に堕胎可能な時期はとっくに過ぎていた。のぞみはそのまま入院し、女児を出産した。もちろん医師や看護師には事情は話せない。

「おめでとうございます。２週間以内に出生届を役所に提出して下さいね」

母子ともに健康で退院したが、自宅に戻る途中でタクシーを降り、あてどなく公園をさまよった。

「どうしよう…、家に帰れば夫に怒られる…。どこかに置いていこうか…。いや、すぐに連れ戻しに行ってしまうに違いない…」

妙案が浮かばないまま夜になり、ネオン街のトイレに入った。「ごめんね…」と言いつつ、バッグの中に赤ん坊を入れ、手探りで首を絞めて殺した。その遺体を自宅に持ち帰り、こっそり押し入れの中に隠した。翌日には１人で赤ん坊の出生届を出しに行った。

しばらくすると室内に異臭が漂うようになり、いつも家にいる夫はすぐに気付いた。押し入れの中のバッグに入った遺体を見つけ、「何だこれは?」とのぞみを問い詰めた。

「生まれたときから死んでいたの…」

「それなら死亡届を出すとか、手続きを取らないといけないんじゃないのか?」

「それは、私が何とかするから…」

それからしばらくして乳幼児医療医療証が役所から送られてきた。

「おい、名前まであるってことは、出生届を出しているってことじゃないか。どうなっているんだ？」

「実は…」

その日、夫はのぞみが赤ん坊を殺害したことを知った。だが、のぞみが刑務所に入れば、自分たちの生活が困窮することを意味する。2人は考えあぐねたあげく、赤ん坊が生きているように装うことにした。

夫は自分の口座を振込先の口座として指定し、児童手当を受け取る際に必要な現況届も自分で書いて提出した。役所の人間が訪ねてきても、「妻と子供は実家に帰っている」と言ってごまかし続けた。

一方、のぞみは赤ん坊の遺体をデリヘルの客の家などに隠していた。最後は自分でアパートを借り、それを押し入れに隠したまま、デリヘルの客に格安で又貸ししていた。

そんな生活を6年間——ついにバレる日がやってきた。問題の児童が小学校入学前の検診にも現れず、これまでに一度も検診を受けた記録がないことが判明。すでに小学校に進学していた長男と次男に事情を聴いたところ、「妹なんて最初からいないよ」という説明を聞き、学校側が警察に通報した。

警察は児童手当を不正受給していたという詐欺容疑で2人を逮捕した。この日が来るのを覚悟していたのか、夫はのぞみをかばおうとし、「自分が殺して海に捨てた」と供述したが、警察の捜査は甘くない。のぞみが借りていたアパートの一室から女児の遺体が見つかり、動かぬ証拠を突きつけられて、のぞみは泣きながら殺害を認めた。

「最後の最後まで殺すのをためらった。でも、家に連れて帰れないので殺すことにした。出生届を出さなければ、殺したことがバレると思った。お金が欲しくて児童手当を不正受給していたのではありません」

そして夫も観念したが、次のように言い訳した。

「もし、赤ん坊を連れて来てくれていたら、のぞみとは離婚することになったかもしれませんが、赤ん坊が死ぬようなことにはならなかったと思います」

結果的に一家は離散し、長男と次男は児童福祉施設に引き取られることになった。夫は執行猶予付きの有罪判決を言い渡されて釈放されたが、妻ののぞみは殺人罪でも起訴され、懲役5年の実刑判決を言い渡された。謎だらけだった〝6歳女児行方不明事件〟はこうして幕を閉じた。

岐阜発……『週刊実話』2017年4月6日号掲載

不倫相手と乱交しまくって妊娠…トイレで赤ん坊を産み捨てた人妻

宮下沙耶（38）は26歳で結婚したが、夫は射精できないという性的不能者だった。結婚早々に夫婦生活はなくなり、結婚前に職場で不倫関係にあった長瀬隆之（47）に連絡を取ることになるのは時間の問題だった。

長瀬は既婚者でありながら、沙耶が高卒で入社した直後から上司の立場を利用して不倫関係となり、さすがに沙耶が「結婚する」と報告してからは手を出すのをやめていたが、沙耶が自分から連絡してきた上に、盛りのついた猫みたいに関係を求めてきたので大喜びした。

「よーし、そういうことならまた可愛がってやるぜ」

長瀬はそれまで避妊したことがなかった。沙耶がそれを求めなかったのだ。沙耶は医師から指摘されるほど妊娠しにくい体質だった。責任を取る必要が全くなくなった長瀬は、「妻とは絶対にできないプレイをしよう」と考え、3Pを提案した。

沙耶は了承。むしろ「刺激がある」と喜んだほどだった。こうして紹介されたのが第2の不倫相手となる河野正造（41）だった。

「うわー、いい女じゃないですか」

「でも、今は欲求不満の人妻なんだよ」

男たちはむさぼるように体を求め、2人がかりで交互に射精した。長瀬と河野はそれぞれ沙耶と単独で会うこともあったが、ほとんどが3Pだった。限られた時間の中で、3人は逢瀬を重ね、その倒錯的な快感に酔いしれた。

さらに長瀬は自分のネットワークで知り合った小堺祐樹（43）という男を連れて来て、4Pまでするようになった。

「こいつ、オレのセフレなんだけど、れっきとした人妻でね。夫がインポテンツだから、欲求不満なんだって。基本的にできないプレイはないから」

長瀬と河野は「もし沙耶が妊娠したら、中絶費用として10万円払う」という約束をしていたが、小堺は「さすがにそれはマズイだろ」と言って、いつもコンドームをしていた。

沙耶は自分の体を複数の男たちに求められ、オモチャにされることに悦びを感じていた。そんな不倫関係は10年以上に及んでいた。

その間に河野と小堺は別の愛人ができたりして、年齢を重ねた沙耶に対する興味を徐々になくしていったが、長瀬だけは欲望が尽きることがなく、時間があれば呼び出してセックスする関係を維持していた。

事件の1年前、沙耶の体に異変が起きた。生理が来なくなったのだ。妊娠検査薬で調べたところ、陽性反応が出た。

その報告を受けた長瀬は驚きながらも、約束通り、10万円を用立てることにした。沙耶は6カ月までは堕胎可能であることを知っていたので、「そのうち行くから」と余裕の態度でいたが、なぜか翌月、同じように妊娠検査薬で調べると、陰性反応になっていた。そして、生理まであった。

沙耶は不思議に思い、クリニックを訪ねると、「流産したんだろう」と説明された。ただ、沙耶は中絶費用としてもらった10万円を返すのが惜しくなり、自分が欲しかった洋服代などに使ってしまった。

長瀬とはその後も会っていたが、「妊娠しているなら避妊する必要はないだろう」と避妊することもなくなった。その結果、また翌々月には妊娠してしまった。10年以上もの間、全く妊娠しなかったのに、一度妊娠したことで、体が〝デキやすい〟体質に変化してしまったのだ。

「どうしよう…。また『お金くれ』なんて言えないし…。でも、旦那に知られたら、一発で離婚される。かといって、自分で中絶費用なんて用意できないし…」

沙耶は悩み苦しみ、この秘密を守るために長瀬には別れ話を切り出した。沙耶の腹は奇跡的にも目立って大きくならず、夫や同居する義父母にもバレることなく、臨月まで隠し通すことができた。

「赤ちゃんが産まれたら、どこかに捨ててしまおう。それに、また流産するかもしれない。そしたら、すべて解決だわ」

事件当日の朝、沙耶はパートに出ていた飲食店に出勤するために最寄り駅まで行ったところ、突然、陣痛に見舞われた。

とりあえず会社には欠勤連絡をしたが、あまりの痛みで動けなくなり、近くのスーパーのトイレの中で夕方まで過ごした。

「ヤバイ、もう赤ちゃんが出てくるんだ…。でも、いつもの時間に帰らないとお義父さんやお義母さんに叱られるかもしれない…」

沙耶は最後の力を振り絞って個室から出た。家に向かって歩き始めた道中で、今にも赤ちゃんが産まれそうな感覚に襲われた。

「もうガマンできない…。でも、路上で赤ちゃんを産んだら、多くの人に見られてしまう。そんなことだけは避けなければならない。どこでもいい。誰にも見られないように赤ちゃんを産まなければ…」

そこでふと目に入ったのが地元のコミュニティーセンターだった。その日は駐車場で盆踊り大会が開かれていたが、もうそれどころではない。沙耶は1階の女子トイレに駆け込み、ズボンと下着を下ろし、和式トイレにしゃがみこんだ途端、赤ちゃんを出産した。それと同時に大量の血が床一面に広がり、赤ん坊が産声を上げた。沙耶はトイレットペーパーで自分の股間を拭き、赤ん坊はそのままにして個室から立ち去った。

その直後、トイレに入った女性が産まれたばかりの赤ちゃんを見つけた。119番通報するとともに盆踊りの警護に来ていた警察官にも知らせた。直ちに捜査が始まり、「お尻と背中あたりが赤く染まった服を着た女が汗だくで歩いて行くのを見た」などの目撃情報が集まり、当日は多くの人がビデオカメラで撮影していたこともあって、その女の姿を捉えた動画も多数集まった。

「これ、宮下さん家の奥さんじゃないの？」

「ホント、似てるわねぇ…」

近所ではすでに名前まで特定されていた。沙耶が保護責任者遺棄容疑で逮捕されたのは、それから間もなくのことだ。

事件を知って夫は仰天。呆れ果てて離婚を言い渡すことになり、沙耶と浮気相手の長瀬に対しても弁護士を通じて損害賠償請求する運びとなった。一方、長瀬もすべてが妻にバレて、離婚されてしまった。

幸いにも赤ん坊は一命を取り留めたが、里子に出されることになった。無責任な火遊びの10年のツケ。それは最悪の形で終止符を打った。

3章

ストーカー

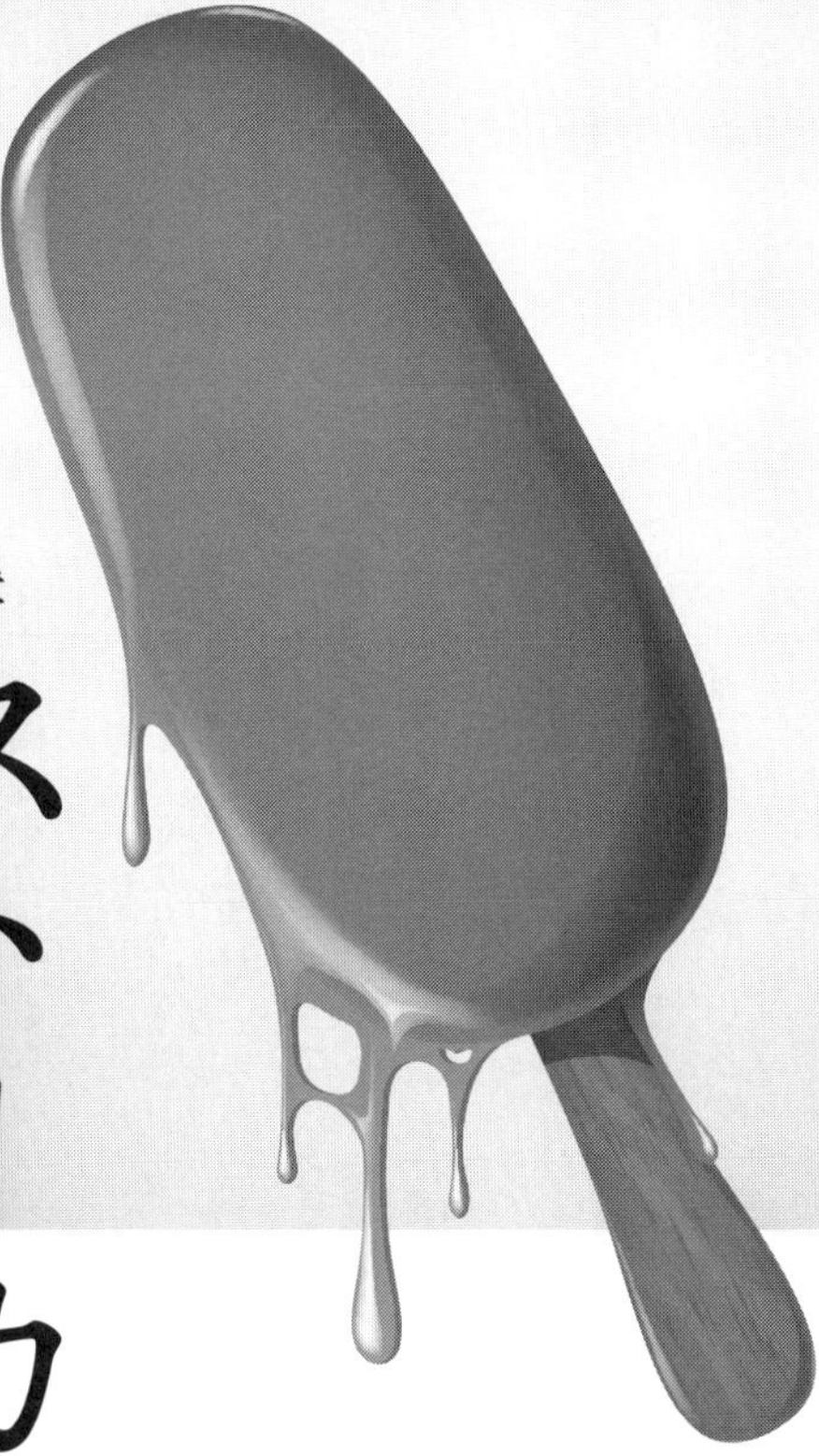

男のストーカーが思いを遂げられなかった未練が原動力になっているのに対し、女のストーカーは行動そのものに怨念が込められている印象が強い。女は自分の気分を害した男に、今すぐ機嫌を直してもらわないと気が済まないのである。

卑怯、ずるい、だらしない、いいかげん、やり方が汚い――。

これらはすべて女が男を非難するときに使う言葉だ。男女問題においては、常に男が加害者で、女は被害者。だから、責任はすべて男にあって、女に責任はない。こうした意識が新旧問わず、女の本質として内蔵されているのだ。

男のストーカーは「死ね」「殺してやる」といった攻撃的な言葉を使うことが多いが、女のストーカーは自分が「死ぬ」と言う。それが高じると、首を吊るためのロープを相手の自宅に置いていったり、自分がそこにいた痕跡を残していったりする。「いかに自分が苦しんでいるか」ということを分からせようとする女心だ。

警察庁の統計では、ストーカーの8割は男とされているが、男はあまり警察に届けようとしないだけで、実際には女のストーカーも多い。

彼女らはどんなシチュエーションで交際が始まり、2人でいるときがどれだけ楽しかったかを夢想し、思い出の品を取っておくのも特徴的で、相手が吸ったタバコの吸い殻までも捨てられなくなった女もいる。

そんな相手に拒絶されたと感じたとき、手のひらを返して、「私を不幸にした悪魔」と罵り、深刻な恨みが生じるというわけだ。

男のストーカーが女のプライベートな空間を攻撃することが多いのに対して、女のストーカーは男の公的な場面を狙うことが多い。自分の恨みを晴らすだけではなく、相手の化けの皮をはがして、職場や近所の人に見せつけたいのである。

ストーカーの最大の特徴は、相手の気持ちや心理が一切見えず、自分の思いだけで一方的に関係を作ろうとすることだ。特に女は被害感情が強い。

「自分はこんなに好きなのに、何で想いに応えてくれないのか」

「たくさん尽くしたのに、いいように使われて捨てられた。このままでは許せない」

「私があなたから受けた苦しみはこんなものではない」

ストーカーは自分もろとも相手を破滅させるだけのすさまじいエネルギーをたたきつけてくる。女ストーカーの恐るべき情念を感じていただきたい。

幸せになった元カレが許せない

30年後にストーカーになった女

三重発……『週刊実話』2017年1月5・12日号掲載

吉野志保（47）と松田賢太郎（47）は高校時代に3年間付き合った仲だった。お互いに処女と童貞を捨てた相手だったが、大学に進学するにあたり、自然消滅してしまった。志保は25歳のとき、バブルで一攫千金を得た自営業の男と結婚した。松田と同窓会で再会したのは、その直後のことだ。

「お久しぶりね」

「そうか…、志保は結婚したのか。今、幸せかい？」

「もちろん。お金には困ってないし。これもあなたと別れたおかげかな？」

「きついこと言うなァ…」

小さな物流会社に就職したばかりの松田に、志保は男としての興味はなかった。だが、青春時代を共有した元カレは話しやすい存在だった。2人はたまに会って食事する関係になり、やがて人目を忍んで会う不倫関係になった。

「旦那は稼ぎはいいんだけど、ほとんど休みがなくて家にいないのよ」

「男は仕事してナンボじゃないか。忙しいのはいいことだと思うよ」

「もういいの。あの人のことを忘れさせて…」

志保は松田を見つめ、両腕を首に回す。お互いに知り尽くした関係は、燃え上がるのも早かった。

だが、志保はまもなく長男を授かって、「この世にこんなにも愛おしいものがあるのか」と育児に夢中になった。松田も別の女性と結婚し、いつしかフェードアウトした。

月日が流れ、やがて志保が溺愛していた長男も大きくなって遠方の大学に進学。すると志保は〝空の巣症候群〟になってしまったのか、ポッカリと心に穴が空いたようになった。ちょうどその頃に夫が事業に失敗し、トラック運転手に転職。志保も家計を助けるために介護施設で働くようになった。

そんなとき、ふと松田のことを思い出した。

「松田君、お久しぶり。どう、元気にしてる？」

「本当に久しぶりだなァ。いつも忘れた頃に電話してくるんだから…」

「ねーねー、一度会いましょう。私、ストレスたまってんのよ」

志保はまた自分の都合に合わせてくれるのではないかと思っていたが、20年ぶりに会った松田は別人のようになっていた。ブランド品に身を包み、寸分の隙もない。生活に疲れた自分とは大違いだった。聞けば、あれから会社を独立し、現在は自分が経営する会社の代表取締役社長。一等地にマイホームを建て、妻子とともに住んでいるという。

「オレは家庭に何の不満もない。キミは思い出の中で生きていてほしいんだ。今日で会うのは最後にしよう」

ホテルには誘われなかった。かつて対等だった男に見下される辛さ。まるで「女失格」と言われているようだった。

志保は未練が募り、松田が話してくれた断片的な情報をつなぎ合わせて現在の住所を割り出した。そこは見事な豪邸だった。ガレージには高級車が止まり、庭のガーデニングも行き届いている。さらにショックだったのは、松田の妻が十人並みの女性だったことである。

「何よ、あんな女…。本来なら私が彼と結婚して、ここに住んでいたかもしれないのに…。悔しい！」

志保はメラメラと理不尽な嫉妬の炎を燃やした。夫には「介護の仕事で夜勤がある」

と偽り、しょっちゅう松田の家を見に行っては様子をうかがうようになった。部屋の中からは子供たちの笑い声が聞こえ、本当に幸せそうだった。

　ある日、松田の自宅のテラスに灯油がまかれ、火をつけられるという事件があった。幸いにもすぐ気が付いたので大事には至らなかったが、松田は全く心当たりがなく、警察は放火事件とみて捜査を始めた。

　それから1カ月後、警察から「犯人と思しき女を逮捕した」という連絡を受けた。それが志保であることを知り、松田は仰天した。

「何で彼女が…。なぜオレの家を知ってるんだ…」

　警察の調べによると、松田の家をうかがう不審な女がおり、近所の人の通報で警察官が駆け付けたところ、女の車の中から携行缶、着火剤、手袋、ビニール製のエプロンなどが見つかったとのことだった。

「本人は松田さんの知り合いだと言っている。何か心当たりはありますか？」

「それならつじつまが合う。彼女には別れ話をしたばかりだった。逆恨みしたのだろう。でも、なぜ家を知っているのか分からない」

「自分で調べたんだそうです。でも、放火事件との関連は断固として否定しているんですよ」

志保の言い分はこうだ。

「家族でバーベキューに使った携行缶と着火剤が大掃除で出てきたので、実家に持って行くために車に積んでいた。彼の家の前を通り掛かったので、ちょっと様子を見ていただけ」

結局、この主張を突き崩すことができず、検察は放火の件については不起訴処分とした。

この決定を聞いて松田は震え上がった。これじゃ、またいつ志保が襲ってくるか分からない。自宅を知られている以上、その不安は永久に残る。妻子に危害を加えられないだろうか。元カノだと説明したら、なおのこと不安を与えるような気がする。かといって、志保に事件のことを問いただす気にはなれなかった。

だが、志保からは釈放後に何度も「謝りたい」「誤解を解きたい」という電話が掛かってきた。着信拒否にしても公衆電話から掛けてくる。たまりかねた松田は志保の実家に電話した。

「おばさんですか。お久しぶりです」

「まぁー、松田君じゃない。元気？」

「実は、折り入って相談があるんですが…」

松田はこれまでの志保との関係や志保が放火未遂容疑で捕まったことなどを話した。志保の両親は寝耳に水だった。直ちに志保を呼びつけ、厳しく叱責した。

「アンタ、いい年して何してるのよ。こんなことを子供に知られたらどうするつもりなの。もう松田君に接触するのはやめなさい！」

だが、志保は松田に対する怒りをさらに募らせた。

「私に言えばいいのに、何で両親に言うのよ。自分は電話にも出ないくせに…」

その後、志保は昼夜関係なく無言電話を掛けるようになった。警察はそれが志保の仕業であることを特定し、ストーカー規制法に基づく警告を出していたが、それでも攻撃が止むことはなかった。松田は疲れ切り、妻の実家に避難し、自宅の売却まで検討し始めた。

それが終わることになったのは志保が生活苦からスーパーで万引し、警察に逮捕されたからだ。警察は余罪として松田に対するストーカー規制法違反容疑でも再逮捕。事件は新聞報道されることになった。

「もう志保には全く興味がない。いまだに放火の件を認めず、こちらを逆恨みしているのが怖い。2度と関わりたくないので、厳重に処罰してほしい」

松田と志保が付き合っていたのは有名な話だったので、同級生たちは〞30年後の成れの果て〞に騒然となった。志保は示談金として松田に30万円を支払った。

「今後、松田君と一切関わらないようにします。もう見掛けても声を掛けたりしません。社会的にも成功し、幸せに暮らしている松田君に嫉妬し、八つ当たりしてしまった。そのせいで自分の家族や両親にも迷惑を掛けた。松田君には勝手に住所を突き止めたことを謝りたかった。だけど、放火したのは私じゃありません」

青春時代の思い出はすべてが美しくなってしまうものだが、その場にいた仲間たちがその後も同じような人生を歩むとは限らない。

げに恐ろしきは女の嫉妬である。夫の功績は妻が作り出したものであるのに、先に出会っていたというだけで、「自分がその座についていたかもしれないのに…」と考えてしまうのだ。そんな女には男を伸ばす力はない。

大阪発……『週刊実話』2012年11月1日号掲載

芸能人との結婚を夢見た風俗嬢の〝陰湿復讐劇〟

出張エステ嬢をしていた今川清子（33）が〝被害者〟に会ったのは、入店して間もない頃だった。深夜にビジネスホテルから出張の依頼があり、清子が向かったところ、テレビタレントの山田耕治（35）がいたのだ。

「わぁ～、山田耕治さんですよね。こんなところにも来るんですね」

「ストレス解消でね…」

本番禁止のデリバリーエステ。一般的なマッサージに加え、最後は手淫するというソフト風俗だ。2人は音楽や写真の話で盛り上がり、まもなくオイルマッサージを始めたところ、山田に「したくなっちゃった」と囁かれた。

「私、生理中なんですよ」

「かまわない」

「じゃあ…、しようか」

山田は清子の下着を脱がせ、膣からタンポンを引き抜き、コンドームを着けて交わった。2人は意気投合し、メールアドレスを交換した。

〈今日は本当にありがとう。びっくりしたけど、楽しかったです〉

その後、2人はメールのやり取りを始め、翌日はプライベートで会うことになった。清子はお土産にタコ焼きを買い、山田が泊まっているホテルを訪問。「恋愛が苦手」という山田のために心理学の本を持参し、その日はお互いに恋愛談議に花を咲かせた。

「私の周りには優しい男性がいなくて…。お姫様だっこかおんぶをしてほしい」

山田は笑って、「おんぶぐらいいなら」と応じた。

「また、これからも会って食事でもしようよ」

それでも山田としては、知人の1人ぐらいの感覚でしかなかった。もちろん、交際や結婚などは考えていない。ところが、清子はそうではなかったのだ。本気で〝彼女の座〟を狙い始めたのである。

最初のクリスマスイブ。清子は〈今日会いたい〉とメールを送ったが、山田が地方で握手会を開くという話を聞き、わざわざ現地まで出かけた。山田は仕事をしている姿を清子に見られるのが恥ずかしく、「こんなところまで、交通費を使って来ることもないんじゃないか」と嫌悪感を覚えた。

山田が距離を置き始めると、清子は〈まさかヤリ逃げしようとは思ってないよね〉と何度もメールしてきた。それに対し、山田は〈そんなこと思っていない〉と返信していたが、それからしばらく経ってホテルの部屋で会った際、デジカメで寝姿を隠し撮りされて、2人の亀裂は決定的になった。

「それをどうするつもりなんだ。そんな写真を流されたら、タレントとしての商品価値が下がるだろう！」

それを機に山田は清子を避けるようになった。すると、清子は〈死にたい〉とメールで訴えてくるようになり、〈私は本番した人には情が移る〉〈こんなことを頻繁にやってるんでしょう〉などと責め立て、山田のスケジュールを勝手に調べて、イベントなどにやってくるようになった。

だんだんと山田は恐怖感を覚えた。〈精神的苦痛でPTSDになった。治療費を払え〉と訴えてくるようになってからは、もはや個人で解決できる問題ではないと悟り、恥を忍んで所属事務所に清子とのトラブルを報告した。

それ以降、山田との連絡は途絶え、清子の携帯には所属事務所が雇った弁護士から連絡が入るようになった。清子はそれにも不満を抱き、〈一刻も早く死ね!〉などと山田を罵る内容のブログを立ち上げた。清子も弁護士に相談し、それからは弁護士同士の話し合いが始まった。

最終的に清子が要求したのは治療費約4万円と慰謝料300万円だった。だが、山田側が応じようとしたのは慰謝料100万円と、「この秘密を保持すること」という条件だった。

「何てムシがいい…、絶対に許せない!」

怒った清子は写真週刊誌に連絡を取り、山田とのトラブルを記事にしてもらおうと考えた。だが、知り合った場所が出張エステだったことや具体的な交際の状況が見えにくいことなどから、写真週刊誌は記事にするのを見送った。

「だったら、事件にしてやる!」

清子は強姦罪で山田を警察に告訴した。それが受理されると、清子は〈山田耕治、強姦罪で刑事告訴〉というスレッドを自ら立ち上げ、自分の名前や連絡先などを伏せた告訴状をネットで公開した。告訴人は清子、被告訴人は山田である。

〈サービスをはじめてまもなく、被告訴人はいらだった口調で『いいからいいから』と言い続け、下半身の下着に手をかけて脱がそうとし始めた。禁止事項として事前説明し、了承を得ていたので、告訴人は『だめです、約束したのに』と嘆願した。しかも、告訴人は生理中であったため、タンポンを膣内に入れていた。『生理中なんです、タンポン入ってますよ』と被告訴人に告げると、『あんまり抵抗すると、店に苦情の電話しちゃうよ』『タンポン自分で抜かないとどうなるかわかってるの?』『禁止事項とか、よく分かんないからとにかく言うことを聞いて』と苛立ちながら脅迫を始めた〉

強姦の状況についても、次のように記載されていた。

〈ショーツは一気に右足の太ももまで引きずり下ろされ、タンポンを力づくで引っこ抜かれ、そのまま挿入をされた。被告訴人は射精を終えた後、悪びれた様子も無く『ついしたくなっちゃった』といい、謝罪の一言も無かった。告訴人はパニック状態で汗だくだったこと、また膣内射精されたこと、生理中だったことなどからシャワールームを借り、泣きながら膣内を洗い流し、下着には生理用品ではなくティッシュをあてて着替えを始めた〉

当然ながら、ネットでは騒然。さらに清子は〈山田が強姦したのってマジ?〉〈いずれにしても芸能生活はもう終わりでしょう〉などと他人を装って書き込み、騒動を拡大させた。

山田はそのことを知ってショックを受け、「ここで終わらせると、強姦についても本当だと思われてしまう」と危機感を抱き、逆に清子を名誉棄損罪で刑事告訴した。警察は双方から事情を聴き、清子の告訴を「虚偽性のある告訴だった可能性が高い」と判断。数カ月後、清子を名誉棄損の疑いで逮捕した。

調べに対し、清子はネットに告訴状を掲載したことは認めたが、山田に強姦されたという主張は曲げず、「性犯罪抑止のためだった」と主張した。

「性風俗店における問題点を社会に知らしめるのが目的だった。社会的影響力のある芸能人が平気で店のルールを破り、無理やり性交されたという事実を分かって欲しかった。自分の行為を正当化するつもりはないが、どこにも話を聞いてもらえなかったので、ネットで公開することにした」

山田は公判に出廷することになり、「性行為はあったが、相手にも了解を取った上での行為だった」と述べた。清子に追い詰められた経緯も説明し、「一時は引退も考えた」と話した。事実、騒動が発覚してから山田の仕事は激減し、ブラウン管からも姿を消した。

検察側は「示談が決裂してから告訴状をネットに掲載するなど、公益目的でないのは明らか。マスコミに接触したのも示談金を確保する手段でしかなく、半年もしてから性行為を拒絶していた旨のメールを送り、ブログで被害者を殺害する予告を書き込むなど、被害者に対する腹いせでしかない」として、懲役1年2月を求刑した。

裁判所は「虚偽の内容で被害者の名誉を傷つけた」と認定し、清子に懲役1年2月執行猶予3年の有罪判決を言い渡したが、山田が被った損害は計り知れない。

清子の逮捕によって、山田は強姦の濡れ衣だけは晴らしたが、不用心にも風俗嬢と本番し、メールアドレスを教えるという脇の甘さは、〝一流芸能人〟としてはお粗末だろう。

元カレの今カノの髪をバッサリ切った女ストーカー

東京発……『週刊実話』2015年6月4日号掲載

大平徳子（36）は20代の頃に妹と一緒に田舎から都会に出てきた。一緒に住んでいたので、その面では両親は安心していたが、徳子が年頃になっても結婚する気配が全くないので、だんだん心配になってきた。

「誰かいい人いないの？　同郷の○○くんなんてどうよ？　まだ独身みたいよ」

徳子は親のこうした干渉が嫌でたまらなかった。せっかく都会に出て来てスタイリッシュになったのに、何でまた田舎に戻らなくちゃならないのか。それはあながち自惚れではなく、徳子はルックスがいい上、仕事も出来たので、同性からは「すごい真面目で品のある素敵な女性」と評判が高かった。

「こんないい女を男が放っておくはずがない。いつか白馬の王子様が現れて、私を幸せにしてくれる…」

そんな願望を心のどこかで持っていた。ところが、三十路を過ぎると、それが幻想でしかないことに気付いた。たとえ、白馬の王子様がいたとしても、自分から動き出さなければ、出会いようがないという事実だ。そこで徳子は結婚相談所に登録し、その主催で開かれたパーティーで山内進次郎（38）と知り合った。

「あなたのような素敵な女性に出会えるとは…。ぜひ僕と付き合って下さい」

2人は連絡先を交換。翌日に山内から電話があり、食事に誘われた。やがて2人で旅行に行くような仲になり、当然男女の関係へ。週末は山内の部屋で逢瀬を重ね、激しく愛し合った。

「私はあなたと結婚するわ。責任とってよ」

「もちろんだよ。これからも結婚前提で付き合おう」

ところが、交際して1年もすると、徳子の一途過ぎる性格が鼻についてきた。〈今どこにいるの？〉というメールを頻繁に送ってきて、返事をしないと職場まで確認に訪れる始末。徳子は「あなたは私を幸せにする義務がある」と繰り返し、傍若無人に振る舞った。次第に山内は嫌気がさし、「別れよう」と切り出すと、徳子は意外だったのか、「何で、どうして？」と取りすがった。

「ねぇ、教えて。私のどこが嫌いになったの？」

「嫌いになったんじゃない。色々考えたんだけど、やっぱり結婚は28歳以下の人としたいんだ。キミが28歳以下だったら、何も問題なかったんだよ」

山内はこんな詭弁で切り抜けようとしたが、徳子は「それなら私を嫌いになったわけじゃないのね。これからも会ってくれる？」と言いすがり、自分がフラれたという現実だけは受け止めようとしなかった。

「ああ、もちろんだよ。それなら構わない」

山内としては都合のいいセフレができたようなものだった。結婚さえ求められなければ、性に貪欲な徳子に不満はない。徳子は山内が以前と同じように勃起するのは、まだ自分を愛しているからだと解釈し、たまに会っては一方的に奉仕するような関係を続けていた。

山内は徳子を「自分のファン」と位置付け、自分は結婚相談所で紹介してもらった新たな女性たちと交際を始め、徳子と会うのは3カ月に1度ぐらいになっていた。

「ごめんね。最近、仕事が忙しくてね…」

それすらも方便と気付かない徳子は寂しくなり、山内の自宅マンションの近所に転居。

深夜2時頃まで見張り、部屋の電気がついているかどうか、車があるかどうか、部屋からどんな音が聞こえてくるか、その一部始終を携帯のカレンダーに書き込むようになった。

そのうち、山内には本命の別の彼女がいることにも気付いた。それがのちに被害者となる川崎智英理さん（30）だった。徳子は激しく嫉妬し、2人の行動を監視し、智英理さんが合鍵を山内の郵便受けに入れたのを見て、こっそりと取り出し、自分も合鍵を作って、山内の部屋に侵入するようになった。

山内のパソコンは情報の宝庫だった。徳子は知りたかった情報を次々と入手した。徳子はどこに行けば山内に会えるのか、完璧に把握することができた。

それに山内が気付いたのは1カ月後のことだ。家に帰ったら、置き忘れた携帯が光っていたので不審に思い、履歴を確認したところ、送った覚えのないメッセージが送信されていた。

〈ごめん、本当は好きな人がいるから、もう会うのやめるね。お礼のメールも別れのメールももう送って来ないでね。さよなら〉

携帯には智英理さんからの留守電が残され、「なぜ、こんなひどいことを言うんですか！」というメッセージが吹き込まれていた。

山内は慌てて電話した。

「違うんだ。今日、オレは自宅に携帯を忘れて出かけたんだ。何者かが勝手にいじったに違いない！」

山内は玄関の鍵を付け替えるとともに、玄関の扉にハッタリでこんな紙を張り出した。

〈もうお前の正体は分かっている。警察に通報されたくなかったら、鍵の交換費用を払え。ポストに5万円を入れておくように〉

それを見て徳子は震え上がったが、その直後に山内にデートに誘われ、自分の犯行だとはバレていないことを知った。現在の交際相手について尋ねると、「それが全然いい人がいないんだよ。最近は若い女にストーカーされて困っている」という話を聞いた。徳子はこの話も真に受けた。あの女こそ、彼にとっての迷惑分子に違いない。徳子は買い物に出かけた智英理さんを尾行し、商業施設のトイレに入ったところで、個室の前で待ち構え、出てきた智英理さんの髪をつかみ、いきなりバッサリとはさみで髪を切った。

「キャーッ！」

徳子は逃走。智英理さんとしてはワケが分からなかった。いきなり正体不明の女に髪を切られたのだ。警察に相談したが、心当たりすら全くなかった。

しかし、徳子は執拗に第2の事件を起こす。同様に買い物に出かけた智英理さんをつけ狙い、トイレから出てきたところをまたもはさみでバッサリと切った。

「待ちなさいよっ！」

このときは智英理さんも果敢に追いかけたが、途中で見失ってしまい、近所の交番に訴えた。現場の店の防犯カメラには徳子の犯行の一部始終が写っていた。

これがきっかけとなって徳子の身許が割り出され、智英理さんの髪を十数センチ切ったという暴行容疑で逮捕された。マスコミには「美女の暴走」として大々的に報道された。

「ブサイクになって、彼に会う気持ちがなくなればいいと思った。自分に恨みを持つ者がいることを分からせたいと思った」

だが、徳子の想像以上に事件の影響は大きかった。あらゆる知人から実家に電話が入り、ネット上では〝祭り〟になった。会社もクビになり、これまで築き上げてきたものが音を立てて崩れていくのを実感した。

「逮捕されて初めて、自分の行動が一方的だったことに気付いた。彼との結婚の未練を断ち切れなくて、彼を苦しめる行動を取ってしまった。被害者の女性にも謝りたい。自分は人間としてあまりにも未熟だった」

何もかも失った三十路女は立ち直れるだろうか。徳子は執行猶予付きの有罪判決を言い渡され、故郷の田舎へ帰った。

大阪発…………『週刊実話』2012年10月4日号掲載

同僚教師を巡る二股関係に激怒 恋敵に「飛び降りろ!」と迫った女教師

中学教師の小山恵（27）は両親共に教員という箱入り娘。学生時代から才色兼備と評判だったが、恋愛にうつつを抜かすこともなく、わき目もふらずに猛勉強に励んだ。大学卒業後、4度も教員採用試験を受けて、25歳のときに公立中学の英語講師として採用された。

翌年には正式教員となり、初めて担任を持ち、テニス部の顧問にもなった。教え子たちには「めぐちゃん」と呼ばれて慕われていた。

だが、そこで知り合ったのが別の中学から赴任してきた赤崎輝彦（29）だった。2人は毎日顔を合わせるうち、淡い恋心が芽生えて、半年ほど経った頃、恵は赤崎から「好きだ」と告白された。

「えっ、どうしちゃったんですか？」

「僕は女性として小山先生が好きなんです」

「赤崎先生は彼女はいないんですか？」

「いません。できれば付き合ってくれませんか？」

恋愛経験が少なかった恵はテレてしまい、すぐには即答できなかったが、それをきっかけに赤崎を意識するようになり、2カ月後には赤崎に誘われてホテルに入った。

赤崎にリードされ、恵は26歳にして処女を失った。それが意外だった赤崎は驚き、コトが済んでから、バツが悪そうにこんな告白をしてきた。

「実は1カ月前から付き合っている別の彼女がいるんです。先生の態度が曖昧だったから、僕は嫌われたのかもしれないと思って、フェイスブックで知り合ったんです。まだ付き合い始めたばかりだし、今後どうなるかは分からないけど、本当のことを話しておいた方がいいと思って…」

恵は戸惑い、「別れることはできないんですか?」と尋ねたが、「今のところ、どっちも好きだから無理です」という答えだった。

普通なら怒るだろう。三下り半を突き付けられてもおかしくない状況だ。ところが、恵は俄然とファイトを燃やしたのだ。受験勉強と同じで、「自分が努力して、ライバルに勝てばいい」と考えたのである。

そうでなくても赤崎とは毎日顔を合わせなければならなかったし、デキていることは生徒たちに内緒にしなければならなかった。毎日一緒に仕事をこなし、それが終われば食事に行き、後から赤崎と落ち合ってホテルに消えるというパターン。こんな異常な付き合い方でも、恵は「これが恋愛なんだ」と思い込み、赤崎に抱かれる度にのめり込んでいき、関係をズルズルと1年近く続けていた。

恵は赤崎がもう1人の交際相手と別れてくれることを待ち望んでいたが、赤崎は「彼女が1番。キミは2番」と公言するようになり、恵の目の前で電話やメールをしたり、休日のデートの約束をするなどデリカシーのない態度を取り続けた。

ある日、恵は学校行事の打ち合わせを兼ねて、赤崎の自宅を訪問した。赤崎の態度がよそよそしく、時間ばかり気にして、恵を何とか早く帰らせようという態度が見え見えだったので、「何かある」と女のカンを働かせた恵は、時間をおいて再び訪問。すると案の定、別の女がいた。それが赤崎の本命の小堺洋子（25）だった。

その日は赤崎が洋子と付き合い始めて一周年の記念日だった。激しい嫉妬に駆られた恵は2人と口論になり、翌日も赤崎の自宅を訪問すると、洋子の車が近くのコインパーキングに止まっているのを見て、「昨日は泊まりだったんだ」と怒りをたぎらせ、洋子の車の運転席ドアに釘で「死」という文字を刻んだ。

その後も洋子の車が傷つけられる嫌がらせは止まらず、怒った赤崎は恵に別れ話を切り出した。2人のフェイスブックに恵が接触できないよう、アクセスも制限した。

それで何かの糸が切れた恵は、赤崎が期末テストの試験監督で席を離れたすきに、赤崎のカバンから自宅のカギを盗み出し、スペアキーを作った。その後、赤崎が出張の日を狙って自宅に侵入。フェイスブックのアクセス制限を解除し、部屋にあった洋子からのバースデイカードなどを持ち去った。

赤崎はそれが恵の仕業であることに全く気付かず、「空き巣が入った」と警察に届け出て、玄関のカギを新しく付け替えた。

すると、恵は再び赤崎の自宅のカギを職員室から盗み出し、またスペアキーを作って、事あるごとに赤崎の自宅に忍び込むようになった。洋子と2人で撮った写真を破り捨て、赤崎の手帳から2人の行動を確認。年賀状を盗み出して、洋子の自宅マンションを割り出し、洋子に直接、脅迫状を送るようになった。

〈早く自殺しろ〉

〈5階から飛び降りろ〉

〈き・え・て・く・れ〉

もちろん差出人はなく、女が書いたとは思えないような鉛筆の殴り書きで、それぞれの言葉が一枚の紙に大書きされていた。

車を傷つけられた時点では被害届を出さなかった洋子も、知られていないはずの自宅に次々と手紙が来たことで恐怖感を覚え、警察に相談。「こんなことをするのは彼女しかいない」と訴えた。

警察は恵の行動確認を始め、恵が出勤途中に郵便ポストに投函する姿を目撃。直ちにその中身を確認したところ、洋子宛の脅迫状であることが分かった。

　恵の初めての教え子たちが卒業式を迎える直前、恵は自宅で警察の訪問を受けた。

「なぜ来たか分かっていますね。脅迫の疑いで逮捕状が出ています。今、この場で逮捕しますから」

　両親は茫然となった。自業自得であるはずなのに、恵は取り調べでは半狂乱になって泣き続けた。脅迫容疑については翌日、処分保留で釈放されたものの、同日、洋子の車を傷つけたという器物損壊容疑で再逮捕された。

「2人の幸せをメチャクチャにしたかった。別れさせるまでいかなくても、2人が苦しめばいいと思った。自分の苦しみを分かって欲しかった。自分だけが別れ話を切り出され、納得できなかった」

　その後、赤崎の部屋のカギを盗み出し、何度も侵入していたことも発覚。警察から事情を聞かされた赤崎は「全く知らなかった」と愕然とし、「今までは自分にも責任があると考えていたが、考えが変わった。彼女がやったことは度が過ぎている。恋人に対する行為も許せないし、厳しく罰して欲しい」と被害届を提出した。恵は100万円以上の賠償金を支払わされた上、器物損壊、住居侵入、窃盗などの罪で起訴された。

「今思えば、もっと大切なものがあったのに、なぜあんなことをしてしまったんだろうと後悔しています。２人についても長い間苦しめ、嫌な思いをさせてしまって申し訳ない…」

恵は当然、卒業式に出席できなかったが、生徒から１人ひとりの写真とコメントが書き込まれた手作りのアルバムを受け取った。

〈先生のこと、嫌いになったりしないよ〉

〈僕らのそばにいてくれた先生が本当の先生だと思っています〉

〈今でも大好きだよ。早く戻ってきてね〉

恵は泣き崩れた。たとえ執行猶予が付いても有罪判決が出れば、自動的に懲戒免職になる。

生徒に慕われ、教育熱心だった表の顔と嫉妬に突き動かされた裏の顔。だが、裏の顔がここまで明らかになった以上、再び教壇に立つことは難しいだろう。

大阪発…………『週刊実話』2009年2月19日号掲載

今カレを困らせるため元カレと偽装心中した出会い系のプロ女

「2人で自殺したが、死にきれなかった」

　事件当日、山中にいるという女から119番通報があった。それが門脇眞理子（31）だった。眞理子はその足で管轄の警察署へ行き、「ここに○○消防署に勤務する平山聡を呼んでほしい」と要求した。この時点ではワケの分からない事件だった。

　現場の管轄でもある○○消防署員が駆け付けると、窓が外側から目張りされた車の中で、派遣社員の井川修（31）が倒れており、まもなく死亡が確認された。死因は硫化水素による中毒死だった。

眞理子は「硫化水素を発生させて、2人で自殺しようとしたが、気持ち悪くなって車外に出た。途中で助かると、後遺症が出るので、確実に死ねるよう目張りをした」などと供述した。眞理子の体からは硫化水素の成分が検出されなかったので、殺人容疑で逮捕した。

3人に何があったのか。眞理子によると、井川は元カレで、平山は今カレ。今カレの平山と別れ話がこじれていたため、自殺願望のあった元カレの井川を利用し、偽装心中を持ち掛けたというとんでもないものだった。

眞理子と井川は数年前に出会い系サイトで知り合った。眞理子はバツイチで2人の子供がいたが、自分の寂しさを埋め合わせようと出会い系サイトにのめり込んでいた。それを阻止しようとしたのが井川だった。

「眞理子は間違っている。体目的の男たちに弄ばれて、何が幸せなんだ！」

「私なんか何のとりえもない女だよ。もういつ死んだっていいんだから…」

「そんなことを言っちゃいけない。オレがいる。もう出会い系なんかしちゃいけない。こんな性欲のカタマリみたいな連中を相手にしていたら、幸せになんかなれないよ」

井川は少ない稼ぎの中から生活費まで渡すようになった。だが、デートしてホテルに入ると、たちまちその月に使える遊興費は底をついた。未来の話をしながらも、眞理子の浮かない顔を見ていると、「また出会い系でも利用するんじゃないか」と心配になった。

それで井川は盗品をリサイクルショップに売る〝内職〟を始めた。2人でスーパーなどへ行き、眞理子が店員の注意を引きつけている間に、井川が商品を盗むのである。

だが、そんな無茶な生活がいつまでも続くはずがなく、井川が逮捕される日がやってきた。井川は逮捕されても眞理子をかばい続け、「僕ひとりでやったんです。眞理子は関係ない」と主張。すべての罪を1人でかぶり、窃盗罪で起訴された。眞理子は関与を否認。不起訴処分になった。


「それであなたは今後、眞理子さんとの関係をどうするつもりですか？」

その公判で裁判長に問われると、井川はこう答えた。

「眞理子は僕がついていないとダメになる。また、眞理子と一からやり直したい」

親族らは「バカ息子…」と呆れ果て、「いい加減に手を切れ。どうせ出会い系で知り合ったんだろう。相手もその程度にしか見ていないぞ」と忠告したが、井川は激怒。

「お前らに何が分かる。眞理子のことならオレが一番分かっている。眞理子は夫に捨てられ、子供たちを抱え、一生懸命に生きてきた。眞理子の人生はオレが救ってやるんだ！」

その後、2人は親族らに注意されると、心中騒ぎを起こし、関係の継続を認めさせるという愚行を繰り返すようになった。井川は眞理子との「結婚」も視野に入れていた。だが、眞理子はしたたかだったのである。井川に隠れてまた出会い系サイトを利用しており、地元で消防士をしている平山聡（28）と知り合った。

平山とは、会ったその日にベッドイン。井川に隠れて、二股で付き合うようになった。そのことに井川は2年近くも気付かなかった。

やがて、平山の要求は「金がない」という一点に絞られるようになった。平山は眞理子から金を借り、平山はその金で風俗や合コンに繰り出した。1回のギャンブルで400万円を使ったこともあった。その金を返すこともなく、手八丁口八丁でしのぎ切った。

そんな平山に愛想を尽かして、眞理子から別れ話を持ち掛けたこともあったが、その都度、平山が甘い言葉をささやいて、眞理子との関係をつなぎ止めた。

一方、その〝財源〟であった井川は、生活苦から自殺を考えるようになった。井川が作った金は眞理子を経由して平山に渡り、平山はギャンブルや風俗で散財する。まるで井川と眞理子の立場が逆転したような関係だったのである。

事件の半年前、眞理子は平山に「救命救急士の試験に合格したら、ロレックスの時計をプレゼントする」と約束した。平山がその気になったので、「勉強するから」と言われ、あまり会えなくなった。眞理子はたまに来る平山のメールに安らぎを覚え、〈寂しい思いをさせてごめんな。終わったら一緒に遊ぼう〉と言われ、それだけを心のよりどころにしていた。

ところが、平山は全く勉強もしておらず、他の女と遊びまくっていた。眞理子以上の出会い系のプロだったのである。

救命救急士の試験がある1カ月前、眞理子は平山に突然呼び出され、別れ話を切り出された。

「なぜ？」

「オレには借金がある」

「いくらあるの？」

「2500万円」

「そのお金さえ、準備できたらいいのね」

眞理子はその金さえ作ろうとしたが、しょせん焼け石に水。平山はどんどん離れていった。

そのときになってようやく眞理子は自分が騙されていたことに気付いた。

〈アンタ、ずっと私を利用していたんでしょう。私を本気で怒らしちゃったね。全部ア

ンタが悪い。アンタの管内で自殺してやるから！〉

こんなメールを送ったところ、平山からは冷酷なメールが返ってきた。

〈いい加減にしろよ。お前の代わりなんていくらでもいるんだよ。恩着せがましく言いやがって。死にたきゃ勝手に死ねばいいじゃねえか〉

憔悴している眞理子のもとに井川がやってきた。井川は「もう死にたい…。自殺サイトで一緒に死ぬ人を探していたんだが、そのサイトが閉鎖されてしまった…」と落ち込んでいた。

「それなら私も一緒に死ぬわ。死に方は任せるけど、場所と時間は私に決めさせてね」

「眞理子もオレに付き合うのかい？」

「私も生きるのがイヤになったから。でも、本気で自殺する気があるんでしょうね？」

「もちろんだ、オレはもう疲れた。本気だから…」

眞理子は平山が勤務している消防署の管轄内にある山林で、平山が勤務している時間帯に死ぬことを計画した。井川が「硫化水素で死のう」と提案し、その原料の買い出しに一緒に出かけた。

眞理子は、その後も〈薬品の量は大丈夫でしょうね？〉〈睡眠導入剤も100錠ぐらい要るよ〉などとメールで細かく指示。2人は遺書を書き、眞理子は平山に対する怒りの気持ちを書き綴った。

事件前日、井川は眞理子の携帯を見てしまい、なぜ自殺したがっているのかを知ってしまった。それは自分に対する裏切りでもあったが、自殺する決意が固いとも映った。その期待に応えるためにも、自分は必ず自殺しなければならない。

しかし、眞理子は本気で自殺するつもりはなかったのである。平山に対するあてつけで、「騒ぎを大きくして困らせたい」「懲戒免職になればいい」という〝復讐〟が動機だったのである。

山中に止めた車の中で、2人は薬剤を混ぜ合わせ、硫化水素を発生させた。井川が苦しみ始めると、眞理子は車の外に出た。携帯電話が通じなかったので、どんどん現場から離れていった。眞理子は平山が現場に来ることを期待していたが、平山は来なかった。

逮捕後の眞理子の供述は、説得力に欠けるものばかりだった。

「私も死ぬつもりだった。殺すつもりはなかった。窓を開けて、足から外に出た。すると彼が中から窓を閉めた。私は窓を開けるように言ったが開けてくれず、パニック状態になった。救急車を呼ぼうにも圏外だった。中を見ると、彼が『あっちへ行け』と言っていた。私はウソなんかついていない。本当にあったことを言っているだけです」

これほど露骨なケースでも、殺意までは立証できず、眞理子は自殺ほう助罪で起訴された。判決は懲役3年、保護観察付きの執行猶予4年。裁判長は眞理子に説諭した。

「あなたの行動は誠に軽率で、社会常識の欠落も甚だしい。あなたの人格や態度にも、なお課題が多い。あんな遺書を子供たちが見たら、どう思うのか。安易な理由で自殺に手を貸したことにも反省すべき点がある。遺族から見れば、あなたが社会復帰することに納得できない点もある。そのことを忘れないようにしてください」

眞理子は号泣している遺族の前を一礼して立ち去った。

4章

痴情のもつれ

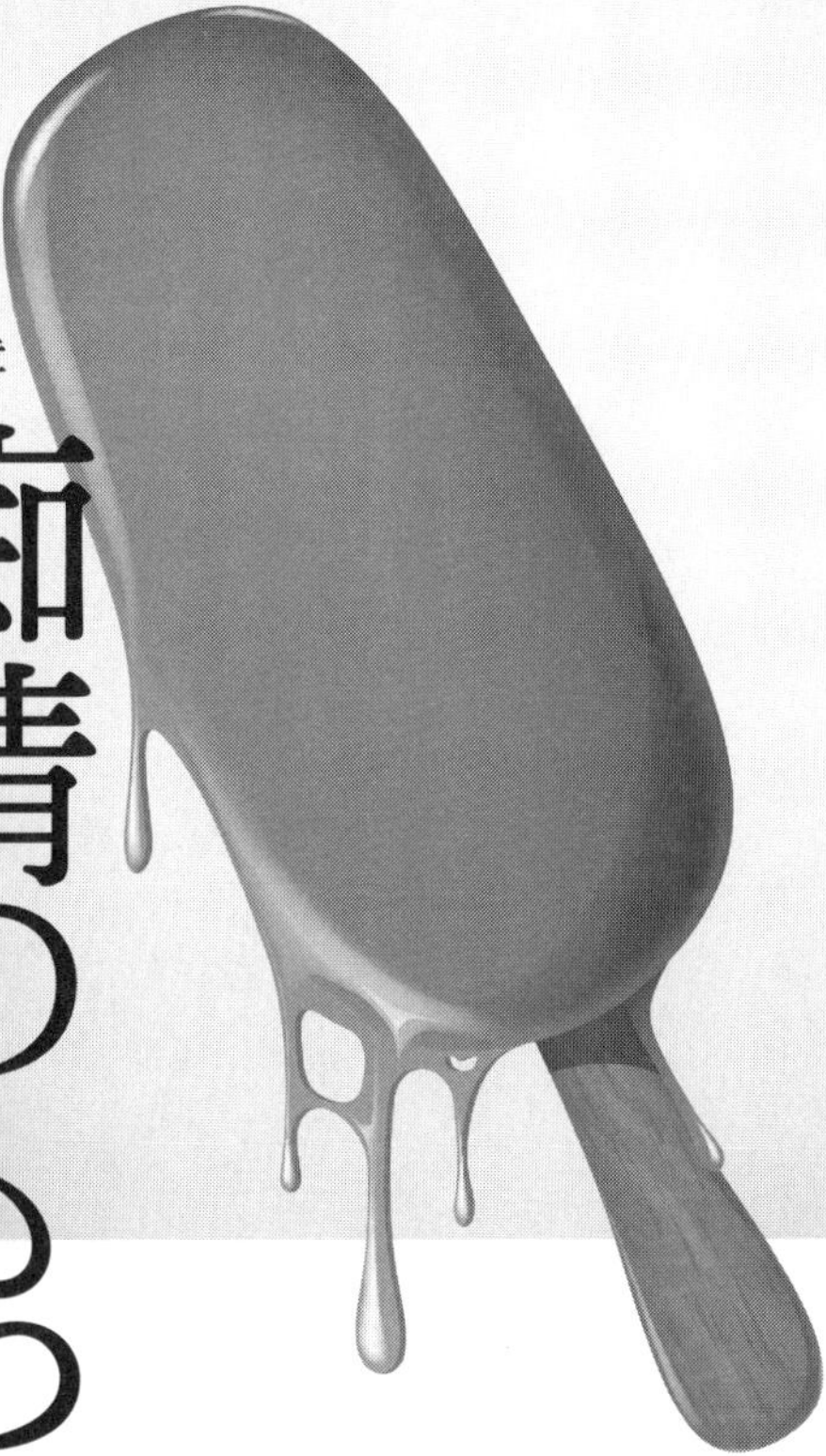

男女を問わず、圧倒的に多いのが痴情のもつれによる殺傷事件だ。男女関係は多くの生きる喜びを与えてくれるものだが、時として命を奪うほどの怨恨を招くという諸刃の剣だ。

ある出来事がきっかけとなって犯罪に走る例は男には多いが、女にはマレである。女は実行に移すまでに、相当怒りをため込んでいて、相手が眠っているときなどに不意打ちを食らわせて確実に仕留める。ここが女犯罪者の恐ろしいところだ。

こういう女は相手が自分の所有物であるかのような狭量な見方が根底にある。相手が自分の意のままに動いていると安心するが、相手の喜びを自分の喜びとすることができないため、自分の喜び、つまり自分の満足や自我の安定を優先して一方的にパートナーに押し付ける。

このズレが男女関係に決定的な亀裂を生じさせる。

愛情と愛憎の境界線は、相手を自分の思い通りにしたくなる気持ち、それが裏切られたときに発生する愛情の裏返しであると言えよう。

自分ばかり相手のために耐えてきて、それが割に合わないと感じたとき、深刻な殺意が形成されるのかもしれない。

殺人に限れば、女の犯罪者による被害者は乳幼児、夫、愛人、近所の人など、身近な人がほとんどだ。ということは、女はよほど腹に据えかねた相手以外、手を出さないということになる。

しかし、この世から犯罪をなくすことはできないだろう。特に愛憎のもつれによる殺傷事件は今後も起き続けるに違いない。犯罪小説の古典『魔性の殺人』（ローレンス・サンダース著）には有名な一文がある。

「すべての犯罪は、すべて特殊である。犯罪にアプローチするには、あらゆる一般性を削ぎ落として、一点の特殊性をみいださなければならない」

つまり、「心の傷」だの、「心の闇」だのといった一般論は、犯罪の特殊性を曇らせる障害に他ならないと言っているわけだ。

日本の女子刑務所は10カ所しかなく、しかも刑期や罪名で分けられていないので、殺人犯から万引きの常習犯まで同房になる。中でも「どうしようもないDV夫を殺した」とか、「許しがたい浮気相手を刺した」といった類いの収容者は生き生きとしており、あっけらかんと自分の犯罪を詳しく話す者もいるという。

そのストーリーに収容者たちは耳を傾け、ある種のカタルシスを感じたとき、その収容者は英雄になるという。そんな女たちの特殊な世界を垣間見ていただきたい。

アラフォー女に刺し殺された艶福家の一生

東京発……………『週刊実話』2011年4月7日号掲載

14年前、トラック運転手の須藤克弥（43）は3度目の結婚をした。「オレはもう結婚はしない。お前が最後の女だ」と妻を口説き落としたのだ。

だが、須藤は結婚後もたびたび女を作って家を出て行き、しばらくすると頭を掻きながら帰ってくるという生活を繰り返していた。

須藤は女に甘えることにおいては天才的な能力を発揮する男だった。献身的に女に尽くしたかと思えば、自分の相手をしないと「寂しい…」と言って、駄々っ子のようにすねる。妻には常々こんな話をしていた。

「オレの両親は愛し合っていたが、結婚できなかったんだ。それでオレを身ごもった母は、1人で育てた。だが、母も1人の女。まもなくオレの義理の父親と知り合い、再婚して3人の弟たちを産んだ。オレはいつも1人ぼっちだった。自分の家族が欲しくて、2人の女と結婚したが、うまくいかなかった。オレの母も3年前に死んだ。オレの実の父親はまだ生きているんだろうか…」

つまり、自分が浮気するのは生い立ちからの寂しさが原因で、「常にお前がいないと気が狂ってしまう」というのだ。須藤は妻のもとに帰ってくるたびに子供のように甘え、妻の須藤に対する愛情は妻というより、母親に近いものがあった。

そんな結婚生活を重ねているうち、妻が把握しているだけで「ご主人と別れてほしい」と言ってきた浮気相手の女は3人いた。

そのうちの1人が後に加害者となる介護士の滝沢可奈子（45）だった。

1人目の浮気相手のA子は、妻と直談判するために自宅に乗り込んできたこともあったが、「奥さんが非常に良い方なので、ご主人はお返しします」と身を引いていった。

2人目の浮気相手であるB子は「どうしてもご主人が欲しい」と一歩も引かず、須藤が妻と離婚する気がないことが分かると、弁護士を立てて100万円の慰謝料を求めてきた。

妻は須藤に協力し、B子に月2万円ずつ支払っていたが、しばらくしてB子は「もうお金は返さなくて結構です」と言ってきた。

ある日、妻は須藤がB子とホテルから出てくるところを見てしまい、須藤を問い詰めると「愛人関係になれば、金は返さなくていいと言うから、仕方なく応じたんだ」と言い訳した。

その関係がようやく終わった頃に現れたのが、3人目の滝沢可奈子だった。

可奈子とA子は同僚の介護士だったが、可奈子が須藤の知人の男性と〝お見合い〟したことを知ると、須藤は「彼が気に入らなかったのなら、自分と付き合ってほしい」と交渉。

その日のうちに可奈子に会いに行き、「探してここまで来たんだ」と言って、抱きしめてキスをした。

男性経験が少なかった可奈子は、そのアプローチを情熱的と捉え、「明日も会ってほしい」という須藤の要望に応えて、翌日にはホテルで肉体関係を持った。

「自分は既婚者だが、妻とはうまくいっていない。離婚届を置いて家を出てくるから、自分と一緒に暮らしてほしい。オレの最後の女になってくれ！」

これがいつもの須藤の手口だったが、可奈子は信じ込んでしまい、数カ月後には自宅アパートで須藤と同棲するようになった。

須藤は「片時もキミと離れたくない」と言って、甲斐甲斐しく世話を焼き、可奈子の母親の面倒や弟の相談にも乗るなどして、可奈子の信用を勝ち取った。

可奈子もまた、須藤の妻と同様で、母性本能で愛するようになったのだ。

だが、須藤の妻との離婚話は一向に進まなかった。同棲して3カ月経った頃、可奈子は車の中で見慣れない携帯電話を見つけた。

「何これ？」

「…気になるなら、見てもいいよ」

可奈子がメールのやり取りなどを確認すると、離婚話が進んでいるはずの妻と食事したり、毎日のようにやり取りしている実態が浮かび上がってきたのだ。

「女房があんまりうるさいから、黙らせるためにそういうメールを送ったんだ」

須藤はそう言い訳したが、可奈子は信じられず、須藤の妻に離婚話が進んでいるかどうか、確認の電話をかけた。

「離婚話は出ていません。だけど、彼は家に帰ってこないと思いますよ。私が許しませんから」

「だったら、どうして離婚しないんですか？」

「夫婦の借金が1千万円ありますから…」

そのことを問い詰めると、須藤は怒って携帯を2つに折り、「もう2度と女房に電話をかけるな。オレもかけないから」と約束したが、数カ月後にはまた別の携帯が車から出てきて、相変わらず妻と連絡を取っていることが判明した。

「何で電話してるのよ！」

「電話しないと、離婚話も進められないだろ」

「今度から奥さんと会うときは、私に言ってから出かけなさいよ！」


それを機に可奈子は須藤の車にＧＰＳ機能付きの携帯電話を取り付けた。そのために須藤が妻ばかりか、他の女とも浮気していることが発覚した。

「あいつは金になりそうだったから。ごめん、あいつに愛情はない。もう会わないから…」

そんなことがたびたび繰り返され、須藤は「近々離婚話がまとまる」と言いながら、それは2年以上経っても実現しなかった。

事件当日、可奈子は些細なことで須藤と電話で口論になった。いつまで経っても離婚話が進まないことにも話が及び、「オレのことでガタガタ言うな。お前とは結婚するって約束してねえじゃねえか」などと罵られ、その夜は帰宅した須藤と初めて口を利かずに別の部屋で過ごした。

本心では慰めて欲しかった可奈子が、須藤の前でビールをラッパ飲みしたところ、須藤は怒って家を出て行こうとした。それを止めようとしたところ、須藤に初めて殴られた。

取り乱した可奈子は、近くにあったサバイバルナイフを手に取り、自分の胸に刃先を当てて、「出て行くんなら、私を刺してから行きなさいよ！」と迫った。

それを見てカッとなった須藤は、可奈子からナイフを取り上げ、逆に自分の胸に刃先を当てて、「お前が刺してみろ。ここを刺すんだよ」と言って、可奈子に柄を握らせようとした。

お互いに口論になり、揉み合っているうちに、須藤が「あっ…」と言って倒れた。気が付くと、須藤の胸には深々とナイフが刺さっていた。

「大丈夫？」

何が起きたのか分からなかった可奈子は110番と119番通報した。須藤は病院に運ばれたが、出血多量で死亡した。可奈子は殺人未遂容疑で逮捕された。

「あなたは被害者に騙されていたんだよ。2年間も一緒にいて、気付かなかったのかね？」

「それは刑事さんの想像でしょ。利用された部分もあるかもしれないけど、すべてがそうだったわけじゃない。離婚したいと言っていたのは彼の方で、私が頼んでいたことじゃありません」

可奈子は「殺意の有無までは立証できない」として、傷害致死罪で起訴された。

一方、須藤の遺体は妻に引き取られ、「今まで辛い思いもさせられたけど、不思議と楽しい思い出しか浮かんでこなくて、愛しくてたまらない気持ちにさせられ、亡骸にいっぱいキスしました」とのことで、妻は「これからもお墓を作って一生面倒を見て行きます」と宣言。ここまで女に慕われるとは、艶福家として幸福だろう。一方、可奈子は懲役10年を言い渡された。

京都発……………『週刊実話』2013年7月4日号掲載

恋敵のクラブホステスをメッタ刺しラウンジホステスの怨念

ラウンジホステスの高橋結衣（27）は生い立ちに恵まれなかった。生後5カ月で両親が離婚。祖父母のもとで育てられ、その間に父親は3回も結婚。愛情に飢えた少女時代を送ることになった。

思春期になると、性格が一変した。15歳で処女を失ってからは来る者拒まずで男遍歴を重ね、16歳で妊娠したことをきっかけに、高校を中退することになった。

17歳で結婚後、一女を出産。だが、最初の夫とはすぐに別れてしまい、ラウンジホステスとして働くようになり、客として知り合った男と再婚する。最初はうまくいっていたが、そんな頃に自分の前に現れたのが梶原匡史（38）だった。

梶原は建設業を営んでいて羽振りが良かった。妻子持ちだったが、そんな雰囲気さえ感じさせない。女は自分の父親の幻影を追うと言うが、梶原はまさにそんなタイプだったのである。

「オレはお前しかいないと思っている。お前と出会う前に結婚していたオレは女運が悪すぎる…。オレと結婚して欲しい」

こんなふうに口説き落とされ、結衣は梶原にのめり込むようになった。やがて夫にも梶原の存在を知られて離婚。それでもめげず、梶原と半同棲生活を送るようになった。だが、梶原は半同棲早々から浮気を繰り返した。動かぬ証拠を突きつけても、のらりくらりとしてごまかそうとする梶原の態度に激怒し、包丁を振り回して暴れたことから、傷害容疑で逮捕されたこともあった。

その事件の公判では執行猶予付きの有罪判決を言い渡されたが、結衣がシャバに出ると、梶原は何事もなかったような顔で連絡してきて、「やっぱりオレにはお前しかいない。やり直そう」と迫ってきた。

「加害者の私とうまくやっていけると思ってるの？」

「オレはそんなこと思っちゃいない。あれはオレも悪かったんだから…」

愚かにもそんな言葉を信じて、また梶原と付き合うことになった。だが、梶原の女癖の悪さは直らなかった。浮気が発覚するたび、「相手から誘われた」と言い訳し、それを真に受けた結衣が相手の女に怒鳴り込むという繰り返し。

「毎日セックスして、これだけ愛し合っているのに、どうして他の女と浮気なんかするのよ！」

結衣は梶原の行動が理解できず、ノイローゼのような状態になり、仕事の時間以外は常に梶原を監視するようになった。それでも梶原は結衣の目をすり抜け、「あいつはストーカーだから気にしないでくれ」と言って、ラウンジなどで知り合ったホステスたちと浮気を繰り返していた。

そんな中で梶原が新たに知り合ったのがクラブホステスの桜井千春（27）だった。千春は地方都市のミスコングランプリとして活躍していたほどの美女。高校時代は新体操でインターハイに出場するなど、健康的で明るい雰囲気から誰にでも好かれ、店の同僚からも一目置かれていた。

梶原も千春が気に入り、同伴出勤したり、一緒にゴルフに行くようになった。事件直前、結衣は梶原に別れ話を切り出され、「何かある」と直感。いつものように行動確認したところ、梶原が千春に夢中になっていることを突き止めた。

「今度はあの女なのね！」

梶原のマンションのドアで聞き耳を立てていたところ、千春と電話で話す声が聞こえてきた。

「いつもうろちょろしてる女がいるけど、あいつはストーカーなんだよ。ただのホステスと客の関係だったのに、どこで何を勘違いしたのかな？」

結衣はそれを聞いて許せなくなり、いきなりゴルフクラブでマンションのドアを殴打して破壊した。警察を呼ばれ、器物損壊容疑で現行犯逮捕。被害弁償することで刑事責任は免れることになったが、梶原には別れの口実を与えただけのような結果になった。

「お前とはもう別れる。これで終わりだから」

「本当にもう…、終わりなの？」

これまでの出来事が走馬灯のように流れ、結衣は目の前に現れた厄介な恋敵を駆逐すれば何とかなるのではないかと考えた。

事件当日、梶原のマンションに様子を見に行くと、近くに千春の車が止まっていた。しばらくすると、2人はショッピングに出かけ、まるで夫婦のように振る舞い、結衣は激しく嫉妬した。

「あの女のせいで…、私がこんな目に…。あの女、絶対に許せないわ…」

2人は千春の店に同伴出勤し、閉店まで出てこなかった。結衣は店の近くで張り込み、梶原と千春が駐車場で別れ、千春が代行運転手に車のカギを渡すまで待った。自宅に向かって車が走り始めると、その後をこっそりと尾行した。

深夜にピッタリと付いてくる女の車に代行運転手は気付いていた。絶対に見失うまいとギリギリの車間距離で詰めてきたからだ。この運転手の証言は重要な意味をもった。

千春がマンションに帰って間もない頃、自宅のインターフォンが鳴った。

「どちら様ですか?」

「梶原匡史さんのことで、聞きたいことがあるんです」

「あなたは?」

「彼に騙されて、貢がされて、捨てられた者です…」

千春がドアを開けると、結衣が思いつめたような表情で立っていた。外に声が漏れても困るので、千春は中に引き入れた。

「彼とはいつから付き合っているんですか?」

「付き合っているわけじゃないわ。お客さんよ。1カ月ぐらい前に店に来たのがきっかけかな」

「ウソばっかり…、彼の自宅にも出入りしてるじゃない。私、みんな知ってるんだからね！」

由香は突然、鬼のような形相になり、千春につかみかかった。千春は困惑し、「それならここに梶原さんを呼びましょう」と携帯を取ると、由香はそれを阻止しようとさらに激怒した。

「私の立場を悪くしようとしているんでしょう！」

「違うわよ。あなたの誤解を解くためよ」

「そんなことをしたら、ますます彼に嫌われるわ！」

「そんなふうだから、彼に『気持ち悪い…』って言われるんじゃないの？」

その言葉を聞くなり、結衣は正気を失った。持参した包丁を取り出し、いきなり千春に切りかかった。千春は腕を貫通するほどの重傷を負い、動けなくなったところをタオルで首を絞められて殺された。結衣は血痕に洗剤をまぶすという幼稚な偽装工作を施して、その場から離れた。

千春の遺体は翌日、連絡が取れないのを不審に思った本物の交際相手（25）が合鍵で入って発見した。直ちに警察に通報したが、当然ながらその交際相手も疑われた。

しかし、捜査線上に浮上したのは被害者と面識もないはずの結衣だった。現場から結衣の指紋やＤＮＡが多数発見され、殺人容疑で逮捕されたが、「私は彼女には会ったこともないし、現場にも行ったことがない」と犯行を否認した。

だが、数々の情況証拠から言い逃れができないことが分かってくると、「相手に襲われたので刺した」という主張に切り替えた。

「彼女ともみ合いになった際、彼女が台所から包丁を持ってきて、気がついたら足に包丁が刺さっていたのでパニック状態になった。無我夢中で反撃し、彼女を黙らせようと、タオルで口をふさいだら死んでしまった。殺すつもりはなかった。本当のことを言うと、罪が重くなると思って言えなかった」

２人の腐れ縁に巻き込まれた千春はとんだとばっちりだ。結衣はそんな方法で本当に梶原に振り向いてもらえると思ったのだろうか。裁判所は「抵抗できない被害者に一方的に攻撃を加えており、強固な殺意が認められる。刑事責任は相当重い」と断罪し、結衣に懲役17年を言い渡した。

SMプレーの行き過ぎで〝夫〟を死亡させたドMグラドルの倒錯愛

東京発……………『週刊実話』2008年12月25日号掲載

「夫が血を流しています」

Vシネマにも出演した元グラドルの野村彩子（32）から119番通報があったのは事件当日早朝だった。救急隊員が駆けつけると、背中から血を流した男性と全身アザだらけの女がいた。

「寝ていて起こされたら、背中をケガしていた。彼は酒を飲むといつも暴れるんです。いつものように瞬間接着剤で止血したんですが、血が止まらずに通報しました」

救急隊員は事件性が強いと見て、警察に通報。男性は病院に運ばれたが、出血性ショックで死亡した。男性は彩子と半同棲状態だった伊藤信一さん（53）だった。

伊藤さんと彩子が知り合ったのは12年前。当時、彩子は大手自動車メーカーのキャンペーンガールをしており、伊藤さんは不動産事業で名を成し、内装業に転身した実業家だった。その後、彩子は芸能プロに所属し、レースクイーンやグラビアモデルを経て、Vシネマ女優としても活躍。26歳で卵巣膿腫により引退するまで、陰で支えていたのが伊藤さんだった。

伊藤さんには妻子がいたが、彩子が22歳頃から夫婦同然の生活を送っていた。彩子もまた、祖父母に育てられたせいか、ファザコンの趣向があり、週末になると、彩子のマンションで2人はセックスに明け暮れた。

年の離れた2人が、なぜこのような関係にあったのか。それは2人のセックスの趣味が合いすぎたという一語に尽きる。彩子はドM、伊藤さんはドS。しかし、2人ともSとMの気質が混在した〝性嗜好障害〟だったのである。

そもそも彩子は発展家で、撮影現場などで年上の男と知り合うと、自分から積極的にアタックし、その日のうちに寝てしまうこともしばしばだった。「男は寝てみないと分からない」が口癖で、複数の業界関係者と肉体関係を持っていた。

2人のやり取りは、そんな彩子の行動をなじるところから始まるのである。

「お前、また別の男と寝たんだろう。他の男として満足しているから、オレは用済みってワケか！」

「そんなことないわよ…」

そして、伊藤さんは彩子の顔や頭をボールのように蹴り上げ、酒の瓶、全身鏡、フライパン、掃除機、警棒、杖、胡蝶蘭の鉢植え、物干し竿など、あらゆる道具を使って彩子を痛めつけるという行為に出るのだ。

馬乗りになって首を絞めたり、ウィスキーを目にかけるなど、その〝プレイ〟は綾子が失神するまで続く。

それが終わると、今度は一転。「愛している彩子を傷つけてしまった…」と言って、泣きながらその凶器で、自分を傷つけるのだ。

彩子が止めても、「オレが悪い。彩子に詫びる」と言って、彩子に凶器を持たせ、それで自分を傷つけるように指示。そんな最中に性衝動が芽生え、お互いに謝りながら、セックスが始まるのだ。

彩子は、当時の雑誌のインタビューでも「叩かれたり、噛まれることが好き」と答えていた。顔を腫らして撮影現場に来た彩子を周囲が心配すると、「ぶっ飛ばしても叱ってくれるのは彼だけ。暴力もコミュニケーションの一つ」と平然としていた。

彩子が芸能界を引退し、親族が経営する会社で働くようになっても、2人の関係は続いていた。「暴力がないと興奮できない」という2人は、パートナーを変えることなど考えられなかったのだ。

1年前、伊藤さんはアルコール性肝硬変と診断され、仕事をやめた。妻子とも別れ、生活保護を受ける身となったが、夜は彩子のマンションに入り浸り、止められている酒を食らっていた。

それ以降、ますます普通のセックスでは興奮できなくなった伊藤さんは、さらに激しい暴力を振るうようになった。彩子が顔を押さえると、それをこじ開けて顔面を殴ったり、携帯で脳天を叩き割ったり、走行中の車から蹴り落としたこともあった。

一歩間違えば、死に直面するような目に遭いながら、彩子は「暴力は不器用な彼の愛情表現。痛いけど、その後のセックスが快感」「私をボコボコにした後、泣きながら抱きしめてくれると、それが愛されてるって感じがする」と受け止め、ますます結束を強めていった。

「このままだと彩子を殴り殺すかもしれない。彩子への暴力が止められない。こんなに彩子を愛しているのに…」

伊藤さんは暴力を振るった後の、自分への虐待行為も激しくなった。あるときは彩子に携帯を持たせて、「目を殴れ」と命令。その結果、結膜縫合のため、手術を受けたこともあった。ベルトのバックルに自分の薬指を入れ、それを逆の方向に引っ張り、骨折したこともあった。

「この手が悪いんだ。この手が彩子を殴るんだ。オレに右手がなくなっても、彩子がオレの代わりになってくれればいい」

そんな関係が10年以上も続いていた。伊藤さんが彩子に刃物を突きつけるのも日常茶飯事。刃先を自分の腕に押し当て、彩子に「柄を持って引け」と命令したり、自分の身体を傷つけることもあったという。

まさにSMが2人の〝絆〟だったのである。

そんな異常な生活をしている最中、伊藤さんが死亡する事件が起きた。司法解剖の結果、伊藤さんは何者かに背中をジャンパー越しに一突きされ、それが致命傷となっていることが分かった。

彩子は当初、殺人容疑で逮捕されたが、それは彩子が自分の意思で刺したのか、伊藤さんに頼まれて刺したのか、その判断がつかず、「結果的に死に至らしめた」として、傷害致死罪で起訴された。

もっとも、彩子の言い分は、そのどちらでもなかった。法廷では次のように述べた。

「記憶がないので分かりませんが、私の意思で、大切な彼を傷つけることは絶対にありません。彼の存在すべてが好きでした。尊敬してるし、感謝していました。彼がいるから私がいる。そばにいてくれるだけで、幸せでした」

事件当日は、彩子がベッドで寝ているときに、伊藤さんが近所のコンビニに買い物に行き、気がつくと下着を脱がされ、床の上で犯されていたという。

そのときに「彩子、見て」と言うので背中を見たところ、ケガをしていたという。

「彼に頼まれて、いつもそうするんですが、瞬間接着剤で止血しました。その前のことは、殴られて気を失っていたので、分かりません」

彩子の弁護人は、第三者による犯行の可能性まで持ち出して無罪を主張したが、検察側は「SMプレーの行き過ぎによるもので、被告の意思に基づく行為だった」と主張。

2人の性生活が赤裸々に明かされても、彩子は凛とした姿勢を崩さなかった。

裁判所は「第三者が被害者を刺した可能性はなく、背中の傷口の状況から被害者の自傷行為とも考えられない」として、懲役2年6月の実刑判決を言い渡した。

最後に裁判長が説諭した。

「あなたと被害者の関係は、多くの人からすると、理解し難いものだと思います。その原因はあなたの精神的な未熟さと言ってもいいかもしれない。これから生きていく中で、それを自覚しないと、思いがけない事態を引き起こしかねない。刑に服して責任を果たし、生活を立て直してください」

綾子は眼底骨折やほお骨の骨折、あごの骨にひびが入ったり、全身打撲で2～3週間動けなかったこともあるという。それでも「生涯添い遂げるつもり」で、2週間後には伊藤さんとハワイで挙式予定だったという。男と女の仲は、他人には分からない…。

大阪発……『週刊実話』2009年7月16日号掲載

結婚前提で交際していたいとこ同士の無残すぎる末路

その男女は正月の実家の集まりで20年ぶりに再会したことから始まった。男はトラック運転手の安田勇次（27）、女は漫画家になっていた安田麗香（31）。2人はいとこ同士。父親同士が兄弟だった。小学生以来の顔合わせだった2人は、お互いを異性として意識してしまい、親戚の寄り合いは2人にとって恋の始まりになった。

「麗香ちゃん、漫画家になったんだ。すごいじゃん」

「私が描いてるのはBLってやつだよ。知らないでしょ」

「知ってるよ、美少年同士の恋愛でしょ。オレもたまに見るもん。オレも麗香ちゃんも人に言えないマニアなんだな。ワハハハ…」

2人はすっかり打ち解け、メールアドレスや携帯番号を交換。正月が終わってからも交流を続けていた。

するると、勇次が「結婚」を前提に交際を申し込んできた。「同棲中の彼女とは別れる」とも宣言した。

1カ月後、2人は麗香の地元でデートした。食事後、空港の見える公園に移動し、抱き合ってキスをした。そして、夜が明けるまで将来のことについて話し合った。

「私は年齢も年齢だし、次に付き合う人は結婚前提にしたい。無駄な恋愛にお金や時間を使いたくないの」

「それは分かってるよ」

「私たちに赤ちゃんができたらどうしよう。いとこ同士の子供で障害児が生まれる確率は1000分の6と聞いたんだけど、私、障害児が生まれないか心配で心配で…」

「オレ、麗香ちゃんがいれば、子供は要らないよ。もし、結婚を反対されたら駆け落ちしよう。オレと一緒に逃げてくれ！」

勇次は涙まじりに説得。麗香は心を打たれ、本気で結婚を考えるようになった。

「勇次くんと付き合おうと思ってるんだけど…」

麗香はまず、同居の妹に相談した。

「いいんじゃない。でもパパがね、何て言うかしら…」

話を聞いた父親は案の定、呆れ果てて反対した。

「何をバカなことを言ってるんだ。親戚同士で揉めてみろ、後が大変だぞ！」

麗香は言い返した。

「私はお母さんが死んでから、ずっと家事を切り盛りしてきた。漫画家になるという夢もかなえた。やっと娘が幸せになろうってのに、祝ってくれたらいいじゃないの！」

無理やり父親を説き伏せた麗香は、着々と結婚の準備を始めた。2人は休日に家探しして、秋までには一緒に住もうと計画。勇次は現在の仕事も辞めて、麗香の地元へ行くことにした。自分の誕生日にはペアのリングをプレゼント。「自分との連絡に使って欲しい」と言って、通話料が無料になる携帯電話も渡した。

「結婚式は金がないから無理だけど、新婚旅行は行きたいよね。ハワイがいいかな」

そんな勇次の言葉を麗香は完全に信じ込んでいた。

ところが、勇次はいざ同棲相手との交際を解消するという段階になって、急に「やっぱり結婚はできない」と言ってきた。サラ金に200万円ほど借金があり、引っ越し費用さえ捻出できないというのだ。

そんなことでは解消したくないと、麗香が引っ越し費用を用立てると、「そもそも結婚はお前が言い出したことだろう」と手のひらを返された。

「やっぱりなァ、いとこ同士じゃいろいろ問題があるんだよ。お互いに熱に浮かされていたみたいだ。結婚は白紙に戻そう」

そんな一方的な電話を受け、それから勇次の連絡は途絶えた。麗香は自分の誕生日に何らかのアクションがあることを期待していたが、まったく連絡はなく、あと残り数時間になったところで、〈今日は何の日か覚えてる?〉とメールすると、〈ああ、誕生日だったね。おめでとう〉という返事だけが返ってきた。

それから2カ月後にようやく連絡が来たと思ったら、〈借りた金を返すから口座番号を教えてくれ〉というメールだった。

〈あんまりほっといたら、憎しみが湧くで!〉

こんな返信を送ったところ、勇次の返事は非情だった。

〈もうオレに気持ちはねぇ。ただのいとこ同士に戻ろう〉

たまり兼ねた麗香は勇次に電話。

「私をこれだけ傷つけておいて…、別れるなら300万円出せ。でないと、あんたを殺すわよ!」

「何を言ってるんだよ」

「あんたの車が300万円やろ。それを叩き売ってでも慰謝料を払え！」

麗香の妹が続いて電話したが、「麗香ちゃんとは最初から結婚するつもりはなかった。ただヤリたかったので、結婚前提と言っただけ。そう言えば女の人は喜ぶでしょう」と言われ、激怒した妹に「お姉ちゃん、もうあんな男とは付き合わない方がいい」と忠告された。

その理由を伝え聞いた麗香はさらに激怒。自分の叔父と叔母でもある勇次の両親に電話をかけ、「どういう育て方をした！」「一家をメチャクチャにしてやる！」と怒鳴りつけ、勇次の携帯には〈死ね、死ね、死ね〉というメールを120回も送信した。

たまり兼ねた勇次の父親は勇次に言った。

「お前の問題なんだから、きちんと話をしてこい。どうもお前に非があるようだからな…」

事件当日、勇次は麗香に電話し、「話がしたいから、時間を作ってくれないか」と頼んだ。

「私は来月まで〆切がギッシリなので時間が取れない。再来月なら時間が取れるから、両親も交えて話をしよう」

「そんなに長くは待てない。もっと早く会えないか。1時間ぐらいでいいから」

「何で1時間ぐらいで話ができるのよ。それなら今から来い。時間を作ってやる！」

「分かった、行くよ」

麗香は驚いた。と同時に、また猛然と腹が立ってきた。こっちはこんなに真剣なのに、どこまでいい加減なのか。もはや殺意しかなくなった麗香は台所にあった果物ナイフを持ち出し、勇次との待ち合わせ場所である自宅近くの自動販売機前へ向かった。

4カ月ぶりに再会した2人は、無言で道路脇のブロックに座った。麗香から先に口火を切った。

「私はやり直したいと言ってるんじゃない。私が今まで苦しんだ気持ちを換算すると300万円ぐらいになる。お前を殺しても2〜3年で刑務所から出てこられる。それだけじゃ気が収まらんから、お前の家族もメチャクチャにしてやる。死刑なんか怖くない。ストーカーで訴えるなら訴えればいい」

勇次はバカにしたような目付きで言った。

「お前、頭おかしいんじゃないの。慰謝料を払う気なんかまったくねぇ。出るとこに出てもいい」

それを聞いた麗香はいきなり「ドンッ」と勇次に寄りかかり、勇次は体に〝熱いもの〟を感じた。それは刃物を突き刺され、胸から溢れ出る自分の血液だった。

「うわわわ……」

勇次は必死で麗香から刃物を取り上げ、ほうほうの体で逃げ出し、「救急車を呼んでくれ」とコンビニで待たせていた友人に電話。しばらくすると、また麗香が近づいてきて、「血を止めたるから大人しくしろ」と言いながら、勇次を見下ろして言った。

「これで私の本気度が分かったか！」

そこへ軽トラが通りかかり、2人の修羅場を目撃して110番通報した。まもなく警察と救急車が駆けつけた。勇次は一命を取り留めたものの、左肺を貫通して心臓に達する重傷を負い、あと1ミリ深ければ即死という状態だった。

それでも麗香は自分がしたことも理解しておらず、「明日までに仕上げなければならない仕事があるので、もう帰ってもいいですか？」と駆けつけた警察官に尋ねた。

「どこを刺したと思ってんねん。心臓やぞ！」

麗香は殺人未遂容疑で逮捕された。これで結婚どころか、漫画家人生も途絶えることになってしまった。麗香は誰から見ても大人しい女性だったという。それが鬼のような阿修羅になった。結婚する気もないのに「結婚する」と言って女を弄ぶと、とんでもない目に遭うという好例である。ここまで女を追い詰めて、殺されなかっただけでも、マシと思わなければならない。

妻子持ちのプレイボーイを刺した百戦錬磨のクラブホステス

大阪発……………『週刊実話』2012年6月14日号掲載

「人が刺された」という通報で、警察官が駆けつけたところ、被害者の中谷聡（41）が血まみれで横たわっていた。現場は歓楽街にあるマンション前の路上。通報者は通行人の3人の男性だった。

「この先のマンションの植え込みにまだ刺した女の人が座っています…」

警察官が女に声をかけると、女は涙で顔をグシャグシャにしたまま答えた。

「彼のことがめっちゃ好きやったんです…。それなのに女を作って…。別れ話に納得できなかったんです…」

女はクラブホステスの清水舞（33）。足元には刃渡り27センチという巨大な刺身包丁が転がっていた。

男あしらいに長けているはずのクラブホステスが、逆に客の男に手玉に取られた末に起こしたという事件だった。

2人が知り合ったのは半年前。舞がたまたま中谷の席について接客したのがきっかけだった。

「オレ、バツイチで寂しいんや。付き合ってくれへんかな？」

以来、中谷は舞を指名し、同伴出勤やアフターにも付き合い、「君だけだ」と口説き続け、男女関係になった。

中谷は店の近くにマンションを借りていた。会計事務所を経営し、大学講師もしているという社会的地位のある人物。実は妻子がいたのだが、舞にはそのことを隠し、独身であることを強調していた。

「知性があって、サバサバしていて、羽振りもいい。こんな素敵な人に会ったのは初めて」

舞は中谷に夢中になり、昼に働いていたネイルショップが閉店すると、中谷と結婚して夜の仕事も寿退店してもいいと考えるようになった。

事件の2週間前、2人は婚前旅行に出かけた。舞は楽しくてたまらず、「誰にも彼を渡したくない」と執着するようになった。2人の仲は店でも公認だった。

ところが、中谷は舞の独占欲の強さに次第に辟易するようになった。仕事中でもメールを送ってきて、すぐに返信しないと激怒する。店に行く約束の時間が少しでも遅れると浮気を疑う。部屋に招待すると、「明日は仕事だ」と言っても帰ろうとせず、マンションの合鍵をねだられ、「もうここらが潮時」と考えるようになった。

事件の3日前、中谷は舞に突然、メールで別れ話を切り出した。

〈今までありがとう。お互いに求めるレベルが違うようです。これで終わりにしたいと思います〉

舞は納得できず、何度も電話やメールをしたが、全く無視。中谷の自宅だと思っていたマンションにも行ったが、一晩中帰ってこなかった。

〈ごめん。舞が悪かった。めっちゃ好きやったけど、もう諦めます。最後に一晩でいいから私を抱いて。最後のわがままです〉

こんな捨て身のメールを送っても無視され、怒った舞は殺害を計画。金物屋に刃物を買いに行った。

ところが、翌日も中谷のマンション前で待ち伏せしていたにもかかわらず、中谷は帰ってこなかった。

舞はヤケ酒をあおり、酔った勢いでミクシィに殺害予告を書き込んだ。

〈彼のことが好きでたまらないから苦しいです。私の命を持ってしても、すべてが欲しいです。彼を道連れにして死にたい。殺す方法ググったけど、何かどれも痛そう…。大人しく刺されてくれるかな。抵抗されたら何回も刺さないかんのかな。拳銃があれば一発なのに…。今、どこにいるんだろう。もうすぐ終わりだから、せいぜい楽しんでね〉

事件当日である3日目も同じようにマンション前で待った。近所住民に不審に思われないよう、レンタカーを借りて張り込んでいた。だが、その日も帰宅する様子はなく、その期に及んでようやく舞は「ここが本当に自宅なのだろうか？」と疑念を持った。

表札を確認しようと車から降り、玄関前の郵便ポストを見ていると、後ろから人の気配が…。振り向くと中谷が浴衣姿の女性を連れて立っていた。

「舞…」

「だ、誰？　その女…」

最悪のWブッキング。中谷が「彼女」と答えると、みるみる舞の顔色が変わった。ただならぬ気配を感じた連れの女性は「私、喫茶店で待ってるから…。2人で話し合って」と言って、その場を離れた。

「おい、待ってくれよ。こんな女、関係ないんだから！」

中谷は女性を追いかけながらマンションの敷地外に出たが、舞は鬼のような形相でついてきた。

「ねえ、いつから私とかぶってたの。一体、どういうことなの？」

「うるせえなぁ、今日は約束していないんだから、とりあえず帰ってくれ。来週にでも店へ行くよ」

「そんなことでごまかさないで。私が帰ったら、あの子を連れ戻す気でしょ！」

「もうお前には関係ないだろ」

中谷は周辺を歩き回った後、マンション前まで戻ってきて、ため息をついた。

「もうこれで気が済んだだろ。オレもあの子を失ったんや。これ以上、お前のことを嫌いにならせんでくれ。オレはこういう男だったんだよ。ごめんな」


その瞬間、舞の怒りの感情が爆発した。自分は何だったのか。ここでアクションを起こさなければ、この男は自分のこともすぐに忘れてしまうだろう。もう2度と会えないかもしれない。だったら、一生忘れられない女になってやる——。

オートロックを解錠しようとしている中谷の後ろ姿に向かって、全体重をかけて刃物を突き刺した。中谷が振り返ると、今度は心臓めがけて突き刺した。

「や、やめろー」

それが刃物であることに気付き、中谷は必死で取り上げようとしたが、舞は物凄い力で反撃し、逃げるので精一杯だった。

「誰かあ、助けてくれー！」

命からがらマンションの外に逃げ出し、通行人に助けを求めた。舞は現場から逃げることもなく、自分で１１０番通報した。

駆けつけた警察官に「こんな大きな包丁で刺したら、死ぬかもしれないだろう」と一喝されると、舞は「あんな男、死ねばいいんだ！」と答えた。

舞はその場で殺人未遂容疑で逮捕された。中谷は救急車で病院に運ばれ、緊急手術を受けて一命を取り留めたが、左手の神経筋を断裂し、指が動かなくなるという障害を負った。

「私のことを忘れないように、一生思い出すほどのケガをさせてやりたいと思った。たとえイヤな印象だったとしても、忘れられるよりはマシです」

事件後、舞は中谷が妻子持ちだったことを知った。だが、それよりもショックだったのは、中谷の供述内容を知ったことだった。

「彼女とは遊びのつもりだった。客とホステスの関係にすぎない。自分は大勢の客の1人としか認識しておらず、酔って口説いたとしても、それは酒の席での戯言にすぎないわけで、その関係を超えて迫ってくるのが理解できなかった。舞には自分に妻子がいるかどうか聞かれたこともないし、自分も舞の住所や誕生日も知らない。舞が勝手に盛り上がっていただけで、こちらは迷惑していた」

舞もまた、18歳からホステスをしていた筋金入り。中谷と付き合う前は2人の客と同時に付き合い、中谷と知り合ってからポイ捨てしていた。しかし、中谷と付き合っていた時期も別の客とホテルに行っており、舞は「自分はのめり込むタイプなので、精神的なバランスを保つために、別の客と遊ぶ必要があった」などと説明した。

男と女には甘い罠がつきものだが、中谷は舞に一生残るほどの傷をつけられ、その代償は1８0万円という慰謝料のみだった。

愛知発……『週刊実話』2010年11月4日号掲載

再婚後に子供を作った元夫突き立てた女教師の血染めの刃

20年前、杉浦沙織（42）は教育大学在学中に鉄工所勤務の松田裕也（40）とカフェバーで知り合った。

松田は名うてのプレイボーイだったが、男慣れしていなかった沙織は、松田のスマートな誘い方に乗せられ、処女を捧げたのだ。

それ以来、俄然として松田への執着心が強くなった沙織は、松田の周囲にいた女たちをすべて蹴散らして、28歳のとき、ようやくゴールインした。

ただし、チャラチャラした松田を沙織の両親は快く思っておらず、沙織は必死で両親を説得して結婚にこぎつけたのだ。

結婚生活は当初は幸せだった。2年後、そろそろ子供が欲しいと思っていた沙織は、松田に打診したが、「子供は作りたくない」という返事だった。それにはもっともらしい松田なりの「根拠」があったのだ。

「オレは子供の頃、友人に誤って目を突かれ、片目の視力が悪くなった。友人が悪く言われないように、親にも黙っていたので治療が遅れた。そのために今ではほとんど片目が見えない。医者には40歳になる頃には、両目とも見えなくなると言われている。盲目の父親がいたら、子供が可哀相だ。だから子供は作らない」

それでセックスは常にコンドームを着用。5年ほどすると、松田は仕事も辞めてしまい、ギャンブルに狂うようになった。

それでも沙織は「目が見えなくなったら、そんな楽しみもなくなるだろう」と同情し、自分が小学校で働くことにして、家計の収入を支えるようになった。

だが、松田はそんな頃から、2番目の妻となる松田宏江（37）と付き合っていたのだ。宏江は29歳のとき、松田と合コンで知り合った。既婚者の雰囲気が全くない松田は、当たり前のように宏江をドライブや食事に誘い、夜は松田の祖父が住んでいた空き家に連れ込み、朝までベッドをともにするなどしていた。

沙織には「職業訓練学校で知り合った友人たちと飲みに行っていた」などと言って、ずっとごまかしていた。

松田は宏江に「妻とはビジネスパートナーのようなものだ」と説明し、「関係は冷え切っている。自分は造園業がやりたいのに、妻に反対されている」などと愚痴をこぼしていた。

そんな関係を続けて2年――。ついに宏江との関係が沙織にバレる日がやって来た。いつものように宏江と朝まで肉欲を貪り、昼まで一緒に寝ていたところ、沙織が突然、弁当を持って祖父宅にやって来たのだ。

「誰なの…!?」

2人の前で呆然自失と立ち尽くす沙織に対し、松田は慌てて外に連れ出し、こんな説明をした。

「お前も運が悪いなァ。彼女とは今日、別れるところだったんだ。彼女がストーカーに遭っているというんで、かくまってやっていたんだ。とにかく今日は帰ってくれ」

それ以来、沙織はふさぎ込み、何度も自殺未遂を図るようになった。

それがあまりにも頻繁なので松田もうんざりし、「そんなに死にたいなら、オレのいないところで死んでくれ！」などと罵るようになった。

松田の両親に相談しても、「男は妾がいても許される」などと独自の宗教論で説得され、「沙織さんには狐が憑いている」「自殺すると孫の代まで祟る」などと言って、沙織が自殺しないように交替で見張るようになった。

それに嫌気がさし、沙織は自分の実家に戻った。松田は沙織の実家に土下座謝罪に訪れ、やり直しを含めた話し合いをしていたが、ちょうどそのタイミングにとんでもないことが起こった。

宏江の妊娠が判明したのだ。沙織は一転、松田にとって邪魔なだけの存在になり、結局、両者の間に弁護士が入って、協議離婚が成立。その半年後に松田は宏江と再婚し、長男をもうけたのだ。

沙織は離婚後、うつ病がひどくなり、入退院を繰り返し、「いつかは彼とやり直せるのではないか」という幻想を引きずっていた。そんな思いは6年も続いた。

だが、沙織も人生をやり直そうと、結婚相談所に登録。松田が残していった趣味の骨董品を処分するために馴染みの店へ行ったところ、店主から松田には2人目の子供が誕生していることを聞かされた。

「2人目は女の子だってよ。新しい奥さんと幸せそうに暮らしてるよ」

それを聞いて、沙織は断ち切ったはずの松田に対する未練がメラメラと燃え上がってきた。

「私にはあれだけ『子供は要らない』と言っておいて…。何で新しい奥さんとは子供を2人も作るのよ。許せないわ…」

プライドが傷つけられた沙織は、深夜に松田の家のガラスを割りに行った。

それでも何の反応もないことから、留守を見計らって松田の家に侵入し、宏江の写真や下着を盗むという犯行を働いた。

松田はそれが沙織の仕業であるとは思わず、警察に届けるとともに、窓ガラスに格子を張り巡らせ、何者かが家に侵入すれば、すぐ分かるように防犯センサーを取り付けた。

事件当日、沙織は『松田を殺せ。さもなくばお前に明日はない』という幻聴にうなされて飛び起き、衝動的に殺害を決意した。

自宅から包丁、ライター、灯油などを持ち出した沙織は、松田の家に急行。松田を刺殺したら、自分も灯油をかぶって焼身自殺するのが沙織の計画だった。

ところが、家に侵入しようとしたところ、防犯センサーの警報音が鳴りだし、中から「ちょっと様子を見てくる」という松田の声が聞こえてきた。

「今、殺らなければ、こっちが殺られるわ…」

そう思い込んだ沙織は、玄関先に出てきた松田の左胸目がけて、いきなり包丁を突き刺した。

「わーッ、救急車を…」

その声で宏江も出てきたが、沙織はかまうことなく松田の背中を何度も突き刺していた。

さらに宏江にも向かってきたが、宏江は果敢にも包丁を取り上げ、「誰か助けてー!」と大声を張り上げた。

近所の人が駆けつけてきたのを見て、沙織は逃走した。宏江からの110番通報を受けた警察は、緊急配備を敷き、高速道路を走っている沙織を発見。パトカーで追い詰めて、事情を聴いたところ、「元夫を殺しました」と認めたので、殺人容疑で逮捕した。

逮捕後、沙織はうつ症状が悪化し、話すことも歩くこともできなくなり、車椅子に乗って生活するようになった。精神鑑定にあたった医師にも「心神耗弱状態」と認められ、刑事責任は軽減されることになった。

「私は、怒って事件を起こしたのではありません。悲しくて、悲しくて…、とんでもないことをしてしまいました。今でも何であんな凶行に走ったのか分かりません。残された奥さん、まだ小さな子供たちに申し訳ない気持ちでいっぱいです」

その心情を裁判員たちが理解し、裁判長は「あなたには心と体の病気がある。命を大切に前向きに生きてほしい」と説諭し、懲役7年を言い渡した。

学生時代、沙織は誰から見ても淑女だったという。女の運命は男次第という典型的な人生だったのかもしれない。

2度目の結婚を夢見て身も心も捧げたソープ嬢の未練殺人

岐阜発…………『週刊実話』2008年5月29日号掲載

大恋愛の末に結婚した小野寺由香（30）は2人の娘をもうけたが、幸せは長く続かなかった。結婚前、あれだけわがままを聞いてくれた夫が「釣った魚にエサはやらん」と手のひらを返したように、亭主関白になったのだ。

「手のひらを返したんじゃねえ。ねじ曲げていた手のひらを元に戻しただけじゃねえか。夜中に迎えにこいとか、毎朝モーニングコールしろとか、全部聞いてやったじゃねえか。結婚したんだから、今度はオレの言うことを聞いてもらおうか」

こんなはずではなかった。どんな男よりも自分を大切にしてくれると思ったからこそ結婚したのに…。由香は独身時代の夫の〝優しさ〟を取り戻そうと、あえて冷たく振舞ったり、関心を引こうと体調不良を訴えたりしたが、ますます夫の亭主関白ぶりはひどくなるばかりだった。

電話一本入れず、朝帰りは当たり前。毎月の小遣いでやりくりしてくれたことはなく、やがて家計が破綻するほどの金を持ち出すようになり、毎日ケンカが絶えなくなった。

「こんな居心地の悪いところはねえ。おまえがオレの居場所をなくしたんだ。オレには待っている女がたくさんいるんだ」

こんなことを言って、プイッと家を出て行ったのは、結婚3年目のことだった。

由香は子供2人を連れて、飲食店で働き始めた。そのときに知り合ったのが、客の牧原行雄（31）だった。

「それはひどい亭主だな。僕なら絶対大事にするな」

牧原はかゆいところに手が届くような男だった。由香を気遣うメールを毎日送り、由香が弱音を吐くと、どんなに遠くにいてもすぐにすっ飛んできた。由香に会うために、雨の中、夜通し待っているという情熱的なところもあった。

（こういう男を選ばなくちゃならない。前の夫は、基本的に私への愛情が不足していたんだわ…）

知り合って半年後、由香は夫と正式に離婚し、牧原と同棲することにした。2人の娘たちは児童養護施設に預けることにした。子供たちを育てるために借りた由香のマンションは、牧原との愛の巣に変貌した。

牧原は前夫と違って、亭主関白を気取ることもなかった。どんなわがままを言っても、同棲前と変わることなく、由香にひたすら尽くしてくれた。

いずれは子供たちも呼び戻して、新しい家庭を築こう。由香がそう考えていた矢先、牧原は思い詰めたように「話がある」と切り出した。

「実はオレには借金があるんだ。今までは騙し騙しやってきたけど、もうオレはブラックリストに載せられて、借りられない。お前に迷惑はかけられない。別れよう」

由香はあっけにとられ、「それなら私が何とかする。そんなことで別れたくない」とすがりつくと、牧原は由香の名義で消費者金融から借金し、それを2人で返済していこうという計画を持ち出した。

「そうしてもらえるとオレは助かる。今まで通り、ずっと一緒に居られるから」

由香は消費者金融3社から限度額まで金を借り、その借金がいつかなくなることを夢見ていたが、牧原は半年後、さらに60万円の借金があることを持ち出した。

「頼む、これで最後なんだ。オレを助けると思って…」

　その金は暴力団から借りたというものだった。牧原は一時期、暴力団にも所属していたことがあると告白。その金利は週5（一週間で5割の利息）というとてつもないものだった。

「週に30万円返さなくちゃならないんだ。オレのためにソープで働いてくれ。お前しか頼める相手はいないんだ」

　涙ながらに土下座する牧原を見て、由香はソープで働くことを決意した。生活費は牧原がトラックを転がして稼ぐことにし、由香は牧原の「命を救うため」という大義名分で自分を納得させ、毎日泡風呂でサービスするようになった。

「ごめんな、ごめんな…。オレが不甲斐ないばっかりに…」

　仕事が終わると、牧原は迎えに来て、由香に涙ながらに謝った。毎日の食事やマッサージも欠かさず、由香はそれまで以上に牧原に尽くされ、ちょっとした女王様気分を味わっていた。

　タレントの安めぐみに似た由香は、客の指名がひっきりなしの人気嬢になったが、牧原への思いは薄れることもなかった。すべては牧原と新しい家庭を作るための〝道筋〟でしかなかったのだ。

ところが、借金がなくなる頃になると、牧原の態度がにわかにおかしくなってきた。由香に隠れてメールを打ったり、「ちょっと出かける」と言っては、そのまま帰ってこなくなる日がたびたびあるようになった。

不審に思った由香は、牧原が風呂に入っている隙にメールの履歴を覗き見た。そこには同じ女の名前がいくつも並び、「愛してる」「好きだよ」という由香には耐え難いような内容のメッセージがゴマンと並んでいた。

「何よ、これ！」

「ちょっと飲み屋で知り合った女だよ。遊びなんだ」

「ウソでしょう…」

それから由香は非通知でその女に嫌がらせの無言電話をかけまくるようになった。牧原が注意しても、聞く耳を持たなかった。人の男に手を出すような女は〝害虫〟でしかない。「殺してしまってもいい」とさえ考えていた。

「お前、いい加減にしろよ」

怒った牧原は、由香に暴力を振るうようになったが、それでも別れられずにいた。ここまで頑張ってきたのに、別れてしまったら、元も子もない。やがてソープ勤務は、牧原のご機嫌を取るための〝方便〟になった。金を渡すと、牧原は優しくしてくれた。

気に入らないことがあると暴力を振るい、別れ話を持ち出されると「それだけは…」と由香が取りすがるようになった。きっちりとカタにはめられてしまったのだ。

それでも牧原は、借金がなくなると、由香に別れ話を切り出した。その中に由香が殺害を決意する言葉が混じっていた。

「お前のことなんか、最初から好きやなかったんや。本気だと思っていたのか？」

気を静めるために連れ出したドライブの車中でも、牧原は同じような言葉を口にした。

「もうオレ寝るわ。おまえの部屋には帰らん」

由香の自宅マンションの近くで寝息を立て始めた牧原を見て、由香は一人マンションに帰った。そして、台所から包丁を持ち出し、牧原が眠っている車の中に入った。

〝お前のことなんか、最初から本気じゃなかったんだ〟

最初はためらったものの、牧原のセリフが脳裏に蘇り、「この3年間は何だったんだろう」と思い余った由香は、寝ている牧原の心臓めがけて一気に包丁を突き刺した。

柄は根元までめり込み、牧原はそのまま絶命した。

翌朝、出勤してきた近くのスーパー従業員が車の中で死んでいる牧原を発見。警察が捜査に乗り出し、牧原の携帯の履歴に残っていた由香のメールから、ただちに重要参考人として捜査線上に浮かび、捜査員の訪問を受けると、「私が殺しました」とすすり泣きながら犯行を自供した。自宅からは血痕の付いた衣類なども見つかった。

法廷で由香は、ソープで働くことになった経緯などを述べ、「殺してしまえば、誰にも取られないと思った。別れたくなかった」と訴えた。

弁護側は「内縁関係に近い状態で2年半以上生活し、金を貸せと言われれば出し、風俗店で働けと言われれば従った。盲目的に尽くした相手との特別な状況下で発生した衝動的な事件だった」と述べ、執行猶予付きの判決を求めた。

だが、裁判所は「被害者の行動や生活態度にも問題はあるが、生命を奪われるまでの事情はない」として、由香に懲役10年を言い渡した。

由香は裁判長の説諭にも、うなづくこともなく、頭も下げず、無表情で聞き入って、傍聴席にいた恋敵や遺族に目もくれず、うつむいたまま法廷から立ち去った。

愛知発……『週刊実話』2017年9月21日号掲載

27歳年上の同棲相手を火だるまにして殺害 平成生まれ女の哀しき薄幸人生

その女は無人の交番に侵入し、机の上の電話から110番にかけた。

「自分で火事を起こして人を殺した。家が燃えている。すぐに来て下さい」

「あなたは？」

「相原亜弓です」

「消防車は呼んだ？」

「呼んでない」

ここで電話は一度ブチッと切れた。だが、その直後にまた110番通報がかかってきた。

「この電話は交番から?」

「うん」

「おまわりさんは?」

「いない」

「家には誰かいるの?」

「彼氏と犬がいる」

「今日、何かあったの?」

「別に何もない」

「彼氏の名前は?」

「森山俊一」

そこへ交番勤務の警察官が帰ってきた。女は警官と電話を替った。

「もしもし、警察官の××ですが」

「そこにいる通報者から詳しい事情を聴いて下さい」

「分かりました」

警察官が現場に急行したところ、マンションの3階の一室から火が上がっているのを確認。消防車と救急車を手配し、消防隊員が隣室のベランダから部屋に突入して、ベッドの脇で倒れている被害者を発見した。被害者は顔面を中心に身体の広範囲でやけどを負っており、病院に搬送されたが死亡が確認された。

警察は通報者の相原亜弓（25）を殺人容疑で逮捕した。被害者は亜弓より27歳年上の交際相手で、デリヘル運転手の森山俊一（52）だった。

亜弓にも援助交際などで少女時代から補導歴があったことから、てっきり風俗関係者同士のトラブルかと思いきや、その背景には亜弓の薄幸すぎる半生が深く関係していた。

亜弓は生まれてすぐに両親が離婚。父親のDVが原因だったというが、母親もシャブに溺れ、覚醒剤の密売人として生計を立てるという極悪な生活状況だった。

亜弓が物心付く前に、母親はシャブの売買でパクられて刑務所に収監されてしまい、亜弓は母方の祖父母に育てられた。

それでも小学生の頃は真面目に登校していたが、中学に入るとグレて不登校になり、不良仲間ができて、万引や援交で補導されるというお決まりの転落パターンを歩んだ。

学校や警察から何度も注意を受け、亜弓の祖父母はサジを投げてしまい、「もう面倒見切れない。母親が出所して別の相手と再婚している。そっちに行ってくれ」と言って追い出した。

中3の春、亜弓は長くすごした地元を離れ、母親の住む別の都市に転居した。そこで母親の再婚相手から度重なる虐待を受けた。些細なことで毎日殴られ、亜弓は半年ほどは耐えていたが、ついに我慢できなくなり、家出した。

家出中に5歳年上の彼氏ができたので、その彼氏の家に居候させてもらうことになった。そこでも彼氏の母親と彼氏の兄嫁にいじめられた。亜弓が仕事にも学校にも行かず、昼まで寝ているのだから当然かもしれない。他に行き場のない亜弓はそれに2年間耐え続けたものの、自殺願望が芽生え、何度もリストカットを繰り返し、最後は実の母親に助けを求めた。

「それなら彼氏と一緒にこっちへ来ればいい。私たちも以前のところからは引っ越して、新しい街に住んでいる。こっちで住むところも仕事も紹介してあげるから」

亜弓は彼氏と2人で母親の住む街に転居した。亜弓と彼氏は紹介してもらったカラオケボックスで店員として働いた。この2年あまりの同棲生活が、亜弓の半生で唯一の幸せな期間だったのかもしれない。

ところが、亜弓は彼氏に内緒で浮気相手を作った。19歳のとき、その浮気相手とドライブ中、車が大破する事故を起こしてしまい、生死の境をさまよった。幸いにも一命を取り留めたが、それを機に浮気がバレ、同棲していた彼氏とは別れることになってしまった。

亜弓には事故の保険金として3000万円が下りる一方、顔に傷痕が残り、顎の骨がズレたり、目にも後遺症が出てしまい、整形手術などで約500万円を使うことになった。

傷心の亜弓は知り合って間もない男と衝動的に結婚したが、1年後には離婚。その後、ますます精神疾患がひどくなり、精神科に通う毎日を送っていた。

そんなときに出会ったのが森山だった。森山には病院の近くの喫茶店で声を掛けられた。事故に遭ってから仕事をしていないことを話すと、「お姉ちゃんだったら、デリヘルならナンバーワンになれるよ」などと軽口をたたかれた。

だが、なぜ亜弓が何もしなくても生活できるのかの〝秘密〟を知った途端、森山の態度が一変した。下にも置かない態度で亜弓を持ち上げ、「オレが一生、支えてあげる」などと甘い言葉を囁き、交際から同棲へと発展させた。

元ヤクザの森山の左肩には龍の入れ墨がある。森山が夜の生活に精を出すと、亜弓は情熱の炎にチリチリとあぶられ、天国へと舞い上がるのだった。

森山が優しかったのは最初だけだった。何だかんだと言って金を無心するようになり、亜弓の財布から金が消えるのもしばしばだった。問い詰めるとシラを切り、金を貸すのを断れば、アザができるぐらいの暴力を振るわれた。

2人は事件を起こすまでに三度も警察が駆け付けるトラブルを起こしていた。

1度目は森山が「彼女が包丁を振り回して暴れている」と通報してきた。

2度目は亜弓が「髪の毛を引っ張られた」と焼肉店から通報してきた。

3度目は森山からで「彼女が精神錯乱状態になっている」という通報だった。いずれも金の貸し借りを巡るトラブルだった。

「もうアンタたちは別れた方がいい。いずれ大きなトラブルを起こすよ」

警察官の忠告に従って、亜弓は一度は森山との同棲を解消した。そのときになって森山は「オレ、いつまでも待ってるから」と未練を口にしたが、亜弓は生まれ故郷に戻り、そこでまた新しい交際相手を作った。

ところが、その相手とも約半年で破局。亜弓が再び森山に連絡を取ったところ、「それならヨリを戻そう」と復縁を持ち掛けられた。

「もう2度と暴力は振るわないし、お金も返すから」

その約束も守られなかった。相変わらず亜弓は金を無心され、気が付けば計2000

万円もむしり取られていた。最後に残った500万円も渡すように言われ、断ると「死ね、クソガキ。てめぇは使えねえなぁ！」などと暴言を吐かれた。ヤケクソになった亜弓が全額を引き下ろしてくると、「もうお前には用はない。とっとと消えろ！」と言われた。

「こんなに尽くしてきたのに何で…。このままフラれるぐらいなら、彼氏を殺して自分も死のう」

亜弓は森山の殺害を計画。刃物やヒモで殺そうとしても体力的に負けてしまうので、確実に殺せる方法として「火を付けるしかない」と思い立った。ホームセンターでオイル缶を購入し、ひたすらそのチャンスを待った。

事件当日、夕食後に酒を飲み、ウトウトと寝入ってしまった森山を見て、「今なら殺せる」と決断。顔の上にオイルをかけ、その上に火を放った。

「熱いッ！」

森山は起き上がり、一瞬目が合ったが、天井まで火柱が上がり、亜弓はそれに驚いて逃走した。近くの交番に駆け込み、そこから110番通報した。言っていることは支離滅裂だったが、警察が意図を汲み取って消防車を手配した。

「事件を起こしたことは悪かったです。でも、私は彼にすべてを奪われ、1人で生きていくこともできなくなりました。オイル缶は2つ用意していた。彼氏を殺したら、自分も死ぬつもりだった。死にきれなかったんです」

森山は亜弓から巻き上げた金をすべてギャンブルに使っていたことが判明。もし、このまま森山と付き合っていたら、亜弓にはどんな人生が待っていたのだろうか。

大阪発…………『週刊実話』2014年12月4日号掲載

冷たくなった彼氏に向精神薬を飲ませて復讐メンヘラ女の計画的殺人

「娘から彼氏を殺したと電話があった。『救急車を呼ぶように』と言ったが、黙って電話を切った。まだホテルの近くにいると思うので、探してほしい」

犯人の飯田敦子（30）の父親からこんな110番通報があった直後、問題のラブホテルの従業員からも同様の110番通報があった。

「男性が首や腹を刺されて倒れている。救急車も呼んでいるが、一緒にいたはずの女性は精算を済ませて出て行った」

この2つの110番通報を受けて、警察が現場へ向かったところ、真っ暗なトンネルの中を1人で歩いている不審な女とすれ違った。

「ちょっと待って下さい」

警察官はパトカーを降りて職務質問。女のコートには血痕が付着していた。

「飯田敦子さんだね。あなたのお父さんから警察に連絡があった。自分が何をしたか分かっていますか」

「分かっています。彼氏を殺しました…」

そう言うと、敦子はカバンの中からタオルに包まれた血の付いた包丁を取り出した。敦子はその場で銃刀法違反容疑で逮捕された。

被害者の宮田仁志（36）は搬送先の病院で死亡が確認されたので、敦子は殺人容疑で再逮捕、取り調べを受けることになった。

「彼氏がだんだん冷たくなってきた。元の優しい彼氏に戻って欲しかった。最近はトラブルが続いていたので、眠っているときに衝動的に刺しました」

あたかも痴話ゲンカの果てのような事件だが、現場の状況は摩訶不思議だった。ホテルの客室には向精神薬入りのペットボトルのお茶が残されていた。その向精神薬は事件直前に敦子が病院で処方されていたものだと分かった。だが、敦子は「自分が飲ませたわけじゃない。彼氏が自分で飲んだ」と言い張り、殺意を否認した。

「私は彼氏を愛していた。殺したくて殺すわけがないじゃないですか！」

敦子は宮田に異常に執着していた。相手が何をしているか気になって仕方がない。常に自分のことを見ていて欲しい。自分以外の女に関心を持ってもらいたくない。それは敦子が28歳にして処女を喪失した相手だったからなのかもしれない。


敦子は小学生の頃、アトピー性皮膚炎に悩まされ、「お前は汚い」と容赦ないイジメを受けた。中学に入ると登校拒否になり、高校も中退。17歳の時にはうつ病と診断され、引きこもりになった。それでも精神科の治療を受けるうち、徐々に症状が改善し、スーパーで働けるまでになった。

そんなときにミクシィで出会ったのが宮田だった。宮田はバツイチで女遊びが派手な男だったが、全く免疫のなかった敦子はイチコロになった。宮田の呼びかけに応じて会うことになり、交際に発展。そのことを一番喜んだのは両親だった。

「子供の頃から辛い思いばかりしてきた一人娘が年頃になり、女の幸せをつかもうとしている。こんなに嬉しいことがあるものか」

敦子の母親は貧乳に悩む敦子のために、自分の生命保険を解約して、豊胸手術を受けさせた。来たるべきその日のために準備を万全にした。それだけでなく、デートの日には必ず2人分の弁当を用意。敦子の父親も駅までの送り迎えを欠かさなかった。両親が応援していたのである。こうして2人は肉体関係を持ち、何度もラブホテルに宿泊した。

宮田から結婚話をほのめかされると、敦子はますます独占欲が強くなった。すぐにメールを返信しないと怒る。自分が不機嫌な理由を察しないと怒る。「もうフェイスブックはやらないで」などと言い、宮田の行動を何かと干渉した。宮田は辟易した。

「お前、いい加減にしろ。面倒臭え女だなァ」

「何よ、昔はもっと優しかったじゃない！」

宮田はだんだんと敦子と付き合うことが面倒になり、「お前は欠陥商品だ」などと言って、暴力を振るうようになった。

「オレが気に入らないなら、どこへでも行けばいい。お前1人がオレの女だと思っているのか。今度からデート費用はお前が持て」

そんなひどいことを言われても、敦子は宮田を捨てることができなかった。敦子は奴隷のようになり、事件の2週間前にも暴力を振るわれ、病院に運ばれるという騒ぎを起こしていた。

さすがに心配になった母親に「もう彼に会うのはやめたらどうなの？」と言われても、敦子の返事は同じだった。

「しばらくすると、また会いたくなっちゃうのよ…」

事件前日、また敦子は宮田にデートに誘われた。いつものように母親と弁当の食材を買いに行ったが、その途中で敦子は抜け出し、百均で文化包丁を買った。

「明日が待ち遠しいわ。早く彼に会いたいなァ…」

そんなセリフを聞いていたので、まさか翌日に殺人事件を起こすとは、両親は予想だにしていなかった。


そして事件当日、敦子はいつものように父親に駅まで送ってもらい、待ち合わせ場所で宮田と合流した。だが、その日は弁当の他にペットボトルに入れたお茶を4本も持っていた。

「喉が渇いた。ちょっとお茶をくれよ」

宮田は敦子が持ってきたお茶を飲んだが、しばらくして注意力が散漫になり、電柱に車をぶつける事故を起こした。ミラーが壊れてしまったので、友人の自動車修理工に電話。「代車を貸してほしい」と頼んだ。

「笑ひたきゃ、笑えぉ…」

やってきた宮田はなぜか舌のろれつが回っていない状態で、何を言ってるのかも聞き取れなかった。

「お前、ちょっとおかしいぞ。酒でも飲んでるのか？」

「違う…、気にしにゃくていいから…」

宮田は代車に乗って去って行ったが、それから3時間後にもまた追突事故を起こしたという連絡が入った。

「今、警察が来た。代車を壊しちゃった。すまん…」

それでも宮田は呼気中のアルコール濃度がゼロだったので、警察には事故を届けただけで済んだ。

その後、ラブホテルに入る際にも駐車場の壁に車をぶつける事故を起こした。後から判明するのだが、車に積まれていたお茶のペットボトルの中には向精神薬が混入されていたのだ。

2人がチェックインしてから40分後、「もう出ますので」という女の電話がフロントにかかってきた。エアシューターで料金が送られてきたので、お釣りを返した。その後、清掃のために従業員が部屋に入ったところ、宮田の死体を発見したのだ。

調べに対し、敦子は「向精神薬を入れたのは自分じゃない」と否定し、「包丁は彼から暴力を振るわれた時に備えて、護身用として持っていた」と説明した。

敦子は精神鑑定にかけられ、心神耗弱状態だったと判断された。敦子がドライブ中から向精神薬入りのお茶を飲ませて意識を朦朧とさせ、ホテルに入ってトドメを刺したとすれば、計画的犯行じゃないのか。

敦子がどの時点で殺意を持ったのかは分からない。だが、「ラストストロー」の格言にあるように、限界ギリギリまで重い荷物に耐え続けたロバは、たった1本のワラを追加しただけでツブれてしまう。敦子にとってのラストストローは、何気なく宮田が放った〝たった一言〟が、殺人の引き金になったのかもしれない。

12歳年下の上司と社内不倫人妻の異常執着

東京発…………『週刊実話』2013年3月21日号掲載

市川千春（49）は人妻だったが、7年前に夫が「知り合いに会いに行く」と言ったまま失踪してしまい、高校生の長女と中学生の長男を女手一つで育てていた。

2年前からはレストランなどに食品を手配する物流会社でパートとして働くようになり、そこで知り合ったのが12歳年下の上司である福本博司（37）だった。

福本にも妻子がいたが、単身赴任中だった。そのことは千春も知っていたものの、優しく指導されるうちに親近感を覚え、ある日、「仕事のことで相談したいことがある」と飲みに誘った。

2人は夜遅くまで居酒屋で飲食し、「あなたの部屋へ行きたい」と千春が甘えると、福本は「じゃあ、付いておいでよ」と自分のアパートへ連れて行った。その夜、2人は当然ながら男女の仲になった。

それから2人は不倫関係になり、同僚たちに隠れて付き合うようになった。2週間に1回は千春を自分のアパートに招き、妻とはできないような変態プレイを楽しんだ。

福本にしてみれば、都合のいい女だった。卑猥な写真を送り合ったり、誰もいないオフィスでコトに及んだこともあった。

千春はそのことを一番親しい同僚の小田香苗（40）には話していた。香苗は意外性に驚き、「妻子ある人と付き合っても先がないから、別れた方がいいんじゃないか」とアドバイスしていたが、千春は「彼と結婚する気はない。今だけでもいい。でも、他の人には言わないでね」と言うので、ずっと黙っていた。

その一方で、自分の子供たちには「会社にいい感じの人がいるのよ」としょっちゅうノロけていた。福本がベッドで寝ている写真を携帯の待受画面にしていて、〈今日は福本さんとホテルへ行くから帰らないよ〉などとメールで報告。そのことを年頃の子供たちはずっと嫌がっていた。

そんな生活を1年近く続けていると、千春はますます夢中になり、〈次はいつ会えるの？〉としつこくデートを要求し、福本に断られると〈奥さんに言うよ〉〈会社にバラす〉などと脅してくるようになった。

福本は次第に嫌気がさし、このままでは大火傷を負いかねないと悟り、事件の2カ月前、昇進話があったことをきっかけに〈今後は仕事が忙しくなる。来月で関係を終わらせたい〉というメールを送った。

それを千春は自分のせいだと思わず、「他の女ができたに違いない」と邪推し、福本の部屋で同僚の女性のキーホルダーを見つけたことから、〈福本さんとデキてるんでしょう?〉というメールをその同僚に送りつけた。

「千春さんから変なメールが届いたんだけど…」

その相談を受けたのが香苗だった。香苗はすぐにピンと来たが、「どういうことなのかは本人に聞いてみたら?」と促し、同僚にメールのやり取りをさせたところ、「あの2人、付き合ってるんだって!」と驚いた様子で報告してきた。その噂が広がると、「実は私も知っていた」という別の同僚がこんな話を打ち明けた。

「以前、仕事帰りに千春さんと一緒になったのよ。喫茶店で話をしたんだけど、すでに子供たちにも会っていて、一緒に温泉旅行にも行ったりして、すごく彼になついてるんだって。『自分が会社を休むときは福本さんの部屋にいるからよろしくね』って言ってたわ」

その話を聞いて香苗も驚いたが、千春がそういう理由で欠勤を繰り返しているのは問題だと思ったので、福本に〈千春さんが会社を休まないように注意して下さい〉というメールを送った。

そのメールを受け取った福本は、すでに複数の人間にバレていると知り、〈皆さんに迷惑をかけて申し訳ない。自分も千春さんとの関係をやめたいと思っている。しつこくされて困っているのは自分です〉というメールを送り返してきた。その証拠として、千春から送られてきたメールの内容を香苗に転送した。

〈奥さんの携帯番号、これだよね。本当に電話するけどいいですか？〉

〈夫婦の絆を見せてもらいましょう。これからショータイムの始まりです〉

〈本当にかけちゃった。奥さんが出た。怖くなってすぐ切った。私もこんなことは望んでいないんだけど…〉

これらを見て、香苗もショックを受けた。「とにかく一度、話し合おう」ということになり、仕事後に別の元同僚を交えて3人で話し合いを持つことになった。

福本は「情けない…」と言いながら、千春と関係を持った経緯などを話した。

「自分にも責任があることは分かっている。でも、きっぱりと別れられず、ズルズル関係を続けてしまった。もう妻にバレてもいいから、関係を終わらせたい…」

「でも、千春さんの子供に会ったり、旅行にも行ってるんでしょう?」

「それはない。子供には会ったこともないんだ…」

ようやく見えてきたのは熱に浮かされ、ストーカー化している千春の醜悪な姿だった。

「今後は会うことになっても家には入れない方がいい。彼女の熱が冷めていくように、つまらない男を演じて下さい」

「そうだね。何だか、今日話してスッキリしたよ。明日から頑張るよ」


それから福本は千春に嫌われるよう、冷たい態度を取り続けた。最後の話し合いとして自宅に呼んだときも泥酔して対応し、千春の問いかけには生返事して、イビキをかいて寝始めた。

千春はその態度にも怒ったが、その間に福本の携帯を盗み見た。そこで福本が自分のメールを香苗に転送し、香苗が〈千春さんがこんなことを言うなんて…。きもい〉と返信しているのを知り、激怒した。

「最近、会社の人たちがよそよそしいワケが分かったわ。あれほど言わないでと言ったのに、香苗さんがみんなにバラしたのね。その上、彼とつながっていて、別れ話の相談まで受けているなんて…、許せない!」

千春は福本が別れ話を撤回しなければ、殺害することを決意。ナイフを2本用意し、そのうちの1本には滑り止めのため、柄に輪ゴムを巻きつけた。

事件当日、「これで会うのは最後」という条件で、福本とホテルに泊まることを了承させた千春は、香苗に自分のメールを転送していたことを問い詰めた。

「何の話だ、オレは知らない。誰から聞いたんだ？」

「トボけないで。私はみんな知ってるんだからね。あなたの携帯を見たのよ！」

「そんなことをする女とはますます付き合えないな」

冷たく背を向ける福本に対し、千春は「もはやこれまで」とバッグからナイフを取り出し、福本を目がけて一突きにした。

「何するんだ、やめろ、違うんだよ！」

抵抗しようとする福本に馬乗りになり、無我夢中で首を絞めた。福本は腹腔内の動脈を切断されており、まもなく死亡した。千春は福本の亡骸を見ながら、朝まで泣いて過ごした。

「人を殺しました…」

翌朝、千春は自ら110番通報。駆けつけた警察官に殺人容疑で逮捕された。

「彼と別れたくなかった。別れ話になったら、一緒に死のうと思ってナイフを持っていた。一緒に死のうとすれば、振り向いてくれると思って説得したけど、やっぱりうまくいかなかった」

事件後、千春は香苗と福本のメールのやり取りが自分の誤解だったことを知った。香苗は千春をおとしめようとしたのではなく、彼女の身を案じてくれていたのだ。

だが、取り返しのつかないことをした女に司法は甘くない。千春は「身勝手で結果も重大」と断罪され、懲役12年を言い渡された。

5章

女詐欺師

「真っ赤な嘘というけれど。嘘に色があるならば、薔薇色の嘘をつきたいと思う」

荻野アンナの芥川賞受賞作『背負い水』の書き出しである。彼女はデートの相手に同棲している男を女だとウソをつき、うちへ帰ってくると同棲相手にはデートの相手を女友達だとウソをつく。ここではセックスで骨抜きにする女詐欺師の口上として使わせてもらう。

女詐欺師は、男が薄幸の女に弱く、未知だからこそ男の好奇心を誘い、うまく魅了できることをよく知っている。男を破滅させる妖婦のことを「ファム・ファタール」というが、それは必ずしも残忍で冷酷な悪女のことではない。彼女たちは男を惑わせ、狂わせる魅力を秘めているのである。

女詐欺師の常套手段の一つに、自分の不幸な身の上話を聞かせて、同情を引くというものがある。これが空想虚言症の女のつくウソだと、当人にとっては〝真実〟なので、他人がそれを見破るのは簡単ではない。当人は演技しているのではなく、本物だと思い込んでいるのだから、彼女のやっていることは演技ではない。

これが物分かりのいい男性だと、結婚を前提にした男女関係にはお金のやり取りがつきものだという〝常識〟があるので、とりあえず立て替えるという形で、女に金を貸してしまう人も多い。彼女らに言わせると、これが「カモ」なのだ。

結果的に何人もの男を騙した女でも、同時に複数の男を騙すのは難しい。だから、ある程度ターゲットを絞って、その相手から集中的に騙し取った後は、とりあえず逃げるのだ。

あるデリヘル嬢は「店の中でいくら騙し、いくら貢がせたかを競い合っている」と打ち明けた。女が羞恥心をかなぐり捨てて、積極的に迫ってくると、男はだらしなくこれに引っ張られてしまう。たとえ50代、60代の男でも、女が作り出した幻想に騙されてしまう。

この章でも登場する、ある事件の被害者に「なぜ、長期間、騙されていることに気付かなかったのか?」と尋ねたところ、彼の答えはこうだった。

「途中からおかしいことには気付いていた。でも、それを認めてしまうと、自分の愚かさを噛みしめることになるし、万が一、話が本当だった場合、借金の申し出を断ることは、これまでの貸付金の回収不能を意味するので、止まることもできなかった」

となると、自己責任ということになってしまうが、詐欺師との接触は驚くほど似たパターンが多い。現実に起きた事件を知って、他山の石としていただきたい。

1億6000万円を貢がせた熟女デリヘル嬢のニセ離婚裁判

三重発……『週刊実話』2017年10月26日号掲載

佐久間美奈（45）は高校中退後、2度の離婚歴があり、実家に戻って2人の男児を育てていたが、会社勤めが性に合わず、28歳で風俗デビューした。

最初はそこそこ客が付いたものの、年齢とともに稼ぎが減っていき、30代後半には熟女デリヘルへ流れ着いた。

「いいかい、熟女デリヘルに客がバンバン来ると思ってはいけない。いかに太い客をつかみ、そこに寄っ掛かるか。それがカギ」

先輩デリヘル嬢からこんなアドバイスを受け、美奈は離婚裁判中の薄幸な人妻を演じて金を引っ張る悪女になった。

7年前、そこへやってきたのが事件の被害者となる船橋昭蔵（61）である。当時54歳だった船橋は、「自分はコンビナート会社の役員で、運転手付き。週末は音楽関係のプロデューサーもやっている。手取り月収は70万円」などと自慢していた。美奈は「いいカモがやってきた」と目を輝かせ、色仕掛けで常連客へと育て上げた。

熟女デリヘルにとって、本番禁止など建前にすぎない。すべては客に特別感を持たせるための演出だ。

「私、もううずいちゃってダメ…、船橋さんのが欲しい…」

「…ったく、しょうがねえなァ！」

船橋は勝ち誇ったように抜き差しを繰り返し、回春の喜びに浸った。

船橋にしても、最初は16歳年下の女に自分が手玉に取られてるなんて思いもしなかっただろう。

だが、美奈から「旦那と別れたら、あなた専用の愛人になりたい。私にも子供がいるし、奥さんと別れて結婚してほしいなんて野暮なことは言わないから」などと言われ、彼女に頼まれて裁判費用の足しにするための50万円を貸したのが地獄の始まりだった。

「裁判費用は裁判所の〝預かり金〟になっている。裁判が終わったら、お金は戻ってくる。そしたら利子を付けて返すから」

これは美奈が考えたオリジナルではなく、店の風俗嬢たちから教わった〝必勝法〟の手口だった。

「普通の人は民事裁判がどのように行われるかなんて知らない。催促されたら、『決着がつくまで時間が掛かるから』と言えばいい」

店の同僚の中には3億円も貢がせた猛者もいた。船橋は美奈から〈裁判費用が足りなくて困っている〉というメールが届くたび、美奈の口座に振り込みを繰り返すようになった。


美奈は船橋という〝打ち出の小づち〟を得たことで、「私はあなたのもの。もう他の男の人には抱かれたくない」と言って、店をやめてしまった。

その実、美奈には本命の交際相手が別にいて、家族には昼の仕事をしているとウソをつき、交際相手の家に入り浸っていた。

金が必要になれば、たまに船橋に会ってセックスでメロメロにし、〈裁判が長引いて〝預かり金〟が足りなくなった〉〈印紙代が足りなくなった〉などと言って、数十万円単位の金を振り込ませていた。

2年前には家族が共同名義人となって、韓国料理店をオープンした。美奈は仕入れと称して頻繁に韓国旅行に出掛け、ブランド品を買いあさり、贅沢三昧に暮らしていた。

船橋から巻き上げた金は7年間で1億6000万円に及んでいた。

一方、船橋は美奈に会ってから青色吐息になっていた。会社役員なんて真っ赤なウソで、見栄を張っていただけのサラリーマン。だが、船橋もそのことを美奈に打ち明けられず、「美奈の離婚裁判が成立すれば、自分のモノになる」と信じて、親戚や知人、友人に頭を下げまくり、「利子を付けて返すから」と言って借金しまくっていた。

美奈は会うたびに天使のような笑顔で飛び付いてくる。今さら経歴がウソだったとはとても言えなかった。船橋としては、どうしても美奈を手放したくなかったのだ。


事件発覚の半年前、ようやく美奈から〈裁判が終わった〉という連絡が来た。

〈裁判終結の費用を払わなければならない。626万円必要だが、弁護士が100万円用意してくれた。あと526万円貸してほしい。そうしないと預かり金が下りない〉

船橋が必死で工面して振り込んだところ、〈夫と夫の父親が異議申し立てをしたので、裁判はやり直しになった。新たに〝預かり金〟として295万円必要。それを支払わないと、今までの預かり金が返ってこなくなる〉と言われ、またもその金を振り込んだ。

さらに、ここからは詭弁としか言いようがないような金の催促が続いた。

〈あなたから借りていたお金は別の借金で闇金に差し押さえになってしまった。裁判所に払う費用が手元になくなったので、あと126万円を貸してほしい〉〈弁護士が立て替えてくれている消費者金融への返済を一括でしなければならなくなった。59万円を用意しないと、民事裁判の件がダメになってしまう〉〈控訴審は途中で終わり、夫とその父親にこちらも若干の和解金を支払わないといけないことになった。夫に288万円、父親に12万円を払えば解決する〉

船橋も金を返してもらいたいばかりに、まともな思考能力がなくなっていたのかもしれない。〈インフルエンザで入院してしまったので、裁判自体がやり直しになった〉などと、誰が聞いてもおかしな理由で裁判は振り出しに戻り、また美奈から金をせびられる日々が始まった。

それが発覚したきっかけは、船橋に金を貸していた知人の一人が「金を返してくれない」と船橋の妻に電話で相談したことだった。

「船橋がおかしなことばかり言ってるんだ。『裁判が終われば、お礼として、利息も含めて1億8000万円が返ってくる』って。騙されているんじゃないか？」

船橋の妻が弁護士に相談したところ、「それは100％詐欺です」と断言され、警察に相談。美奈は詐欺容疑で逮捕された。だが、騙されていた期間が長すぎて、美奈に貸していた金が詐欺だとメールなどから裏付けられたのは、直近の1500万円分しかなかった。

「お金は生活費、自分の欲しいもの、子供の学費などに使って1円も残っていない。自分をよく見せたかったし、周りからうらやましがられるためにもやめられなかった。被害者が困っていることも分かっていたけど、罪悪感よりも自分の欲が勝ってしまいました」

美奈は懲役3年6月の実刑判決を言い渡され、出所後は「仏門に入る」などと宣言。船橋は親戚、知人、友人、子供に至るまで、周囲の人の信用をすべて失った。

この事件からは何を学ぶべきだろうか。風俗嬢の言う「あなただから相談できる話」というのは、信用してはいけないということだ。

兵庫発……………『週刊実話』2013年8月15日号掲載

セレブを装った美熟女デリヘル嬢の粉飾生活

事件の被害者となる中野健太（66）がその女と出会ったのは2年前の秋のことだった。中野は既婚者だったが、熟女デリヘルの広告を見て、「本物のセレブ人妻が緊急入店!!」というフレーズに興味を持った。

地元のホテルの喫茶店で待ち合わせ。「中野様でいらっしゃいますね？」とやって来たのが問題の島田沙耶（49）だった。ルイ・ヴィトンの服にエルメスのバッグ、カルチエの腕時計、ティファニーの貴金属などで着飾った女――。

「おおっ！」

「私でいいですか？」

「もちろんだ」

「それでは今日はよろしくお願いします」

端正な顔立ちで、物腰の柔らかな話しぶり。抱きしめたら壊れてしまいそうな体。中野はすぐホテルの客室に移ってプレイするのも気が引けて、そのままお茶を飲みながら身の上話などを聞いてみた。

「私は財閥系企業の社長の娘だったんです。以前は航空会社の客室乗務員をしていて、大手ソフトウェア企業勤務の夫と知り合って結婚したんですけど、子供ができなかったから、夫婦の絆が弱かったんです」

「でも、生活に困っているわけじゃないでしょう」

「それはそうです。でも、夫は外に愛人をつくり、私とはセックスレス。それを見て見ぬふりしたまま歳を取っていくのは、もうイヤだと思ったんです」

「なるほど…」

中野は自身も元会社役員で、経理を担当していたことを話すと、沙耶は目を輝かせてこう話した。

「わぁー、凄いですね。私も父の遺産が数億円ある。資金管理についてもいろいろ教えて欲しいです」

ようやくホテルに入り、プレイに突入したが、これが上流階級の奥さんかと思うと、思いのほか燃えた。

その後、中野は沙耶を何度も指名するようになり、風俗嬢と客という関係を超え、2人で密会するようになった。沙耶は性に対する探究心も旺盛で、ビジネスライクな若い風俗嬢とは大違いだった。

中野は週2回のペースで店外デートを重ね、「もうすぐ夫とは離婚する。私の心はすでにあなたにある。将来は資産管理会社を作ろうと思うので、そしたらあなたに経理を任せたい」などと言われ、メロメロになった。


2カ月ほど経った頃、中野は沙耶からこんな話を持ちかけられた。

「知人の結婚式に出なければならないの。仲人を頼まれた。ドレス代が必要なので、300万円貸してほしい」

金に困るはずがないセレブなのにおかしいとは思ったが、中野は沙耶に頼られたことが嬉しくて、特に詮索することもなく、すぐに300万円を用立てた。

すると、沙耶は「離婚するので生活費がいる」「資産管理の費用がいる」などと言って、次々と中野から借金するようになった。

「父が持っていたハワイの別荘の維持管理にお金がかかって困っている。処分するので、

２００万円貸してほしい」

「父から引き継いだ競走馬の厩舎料がすごく値上がりして困っている。１００万円ほど貸してほしい」

「財産分与で貰ったマンションの内装費が３００万円ほどかかる。家具代と合わせて６００万円貸してほしい」

こうした頼みごとを中野が二つ返事で聞いていたのは、「３カ月後には保険が満期になって、まとまったお金が入ってくる。それと同時期に母の遺産も私のものになるので、もうお金には困らなくなる」という話を聞いていたからだった。

中野は妻にも「仕事のパートナー」として沙耶のことを紹介し、「将来、必ず返ってくる金だから、投資だと思って欲しい」と説得し、老後の資金として貯めた２７００万円をほとんど沙耶に貸していた。

ところが、保険の満期が近くなると、沙耶は何かと理由をつけて中野とのデートを拒むようになった。

「母との関係がこじれているので、遺産を受け取るのが遅れそうだ」

「保険会社の手違いで、支払いが遅れているのよ」

こんなことを言って返済期限を引き延ばし、ある日突然、携帯がつながらなくなり、行方不明になった。

中野はデリヘルの経営者に連絡を取り、コトの顛末を説明したが、「彼女は本当のセレブ人妻ではない。騙されたんでしょう」などと返答された。

「お前、他人事みたいなことを言うな。こっちは金を貸しているんだ。緊急連絡先とか、従業員の資料を見せる義務があるだろう」

「それなら警察に相談して下さい。個人情報ですから、それはできません」

だが、警察に相談しても金が返ってくる可能性が低いことを知り、中野は興信所にも頼んで彼女の行方を追っていたところ、それから半年ほど経って、沙耶からこんなメールが届いた。

〈今まであなたに話していたことは全部ウソでした。だから、もう苦しまないで下さい。でも、あなたのことは本当に好きでしたよ。ごめんなさい〉

もちろん、それで納得できるはずもなく、ついに警察に相談し、詐欺罪で告訴した。警察も沙耶を探していたが、1年以上も見つからなかった。

その間、沙耶は売春しながらホテルを転々。同じような手口でセレブ人妻を装い、多くの男たちから金を貢がせていた。その金はホテル代やタクシー代、化粧品やエステ代などで散財し、その都度使い切っていた。警察はホテルに潜伏していた沙耶を発見し、詐欺容疑で逮捕した。所持金はほとんど残っていなかった。

「これだけ男を手玉に取るとは、大したタマだわ…」

その後、警察が調べたところ、沙耶の意外な過去が明らかになった。これまでに詐欺はおろか、警察に検挙された前歴もなし。ほんの5年前まで、夫や子供と暮らす平凡な主婦だったことが分かった。

44歳で離婚後、1人暮らしを始め、最初は樹脂工場などで働いていたが、生活が苦しくなり、46歳で遅咲きの風俗デビューした。面接で店長から、「へぇー、英会話ができるなんてすごいじゃん。だったら、セレブな人妻として振る舞って欲しい。その方が客がつきやすいから」と言われ、その気になって〝上流階級〟のたしなみを学んだ。

社長令嬢を名乗るため、インターネットなどで財閥系企業の社長一族の家系や資産などを調べて把握し、取引先の社長の名前を具体的に出すなど、あたかも自分が一族の一員であるかのように振る舞っていた。

客室乗務員として必要な知識もネットで集め、書籍でテーブルマナーを研究するなど、上流階級として必要な知識を独学で学んでいた。騙された中野も沙耶の態度があまりに板についていたので、頭から信じてしまったのだ。

「資産管理会社を立ち上げる話が具体化するにつれ、ウソをつき通すことができなくなり、姿をくらますことにした。最後は私も中野さんのことが好きになり、どうせならセレブなイメージを残したままで別れたかった。自分がセレブな人妻を装っていたのは店から頼まれたことであり、自分の意思で始めたことではない。でも、これまで地味に生きてきたので、一生に一度ぐらいは贅沢に暮らしたいとも思っていた」

遅咲きの風俗デビューをする熟女が増えている。彼女らは人生の大半を真面目に過ごし、離婚などをきっかけに堰を切ったように弾けるという。彼女らが幻影の世界に生きていることを忘れてはならない。

ボンド・ガールから詐欺師に転落 元モデルの生涯エンコー生活

神奈川発……『週刊実話』2008年3月27日号掲載

短大時代からミスコン荒らしだった鵜飼真知子（48）は、22歳のとき、ミス日本に輝いた。

身長170センチ、スリーサイズはB85・W59・H84という抜群のプロポーション。それを機にモデルの仕事が増え、急進的な真知子は米国の男性誌グラビアでヌードを披露したこともあった。

芸能界も目をつけ、レコードデビューも決定した。その流れに拍車をかけたのは、日本人女性では17年ぶり、3人目という人気ハリウッド映画への出演だった。

スクリーンに着物姿で登場。帰国すると、あらゆるメディアから取材を受けた。報道陣に「今後の抱負は？」と聞かれるや、「国際スターとして、ですか？」などと聞き返し、『早くも大女優気分』と皮肉られていた。

それでも当時はバブル全盛期、真知子のモデルとしての仕事はひっきりなしで、スポンサーも次々と付いた。

増えるばかりの金。言い寄る男は星の数。真知子は20代後半まで、我が世の春を謳歌していた。

ところが、バブル崩壊と共に宴は終わった。流行り廃りの激しい芸能界では、真知子が人気ハリウッド映画に端役で出演したことなど、とうに忘れられた。

年齢と共にモデルの仕事も減っていき、かろうじて着物のファッションショーの仕事が入るだけだった。

それでも生活水準が落とせない真知子は、次々と周囲の男を籠絡し、29歳のときには男の子を身ごもり、シングルマザーとなった。

米国なら自分の知名度もあるかと商売もやってみたが、ものの見事に失敗し、無一文で帰国した。

困った真知子は飲食店でアルバイトを始め、生活保護を受けながら、両親の援助で子供を育てるという厳しい境遇に陥った。国際スターどころか、その日の生活費にも事欠くようになってしまったのだ。

37歳のとき、真知子はプライドをかなぐり捨て、結婚相談所に登録した。もう一人身はガマンできない。金持ちの男をつかまえて、意地でも幸せになってやる——。

真知子はプロフィールにこれまでの栄光を書き連ね、職業欄には見栄を張って、「現役モデル」と書き記した。

反響は予想以上だった。次々と「結婚したい」という男性が現れ、面会希望が殺到したのだ。今でも自分の市場価値が下落していないことを再確認できた。

「ほー、元ミス日本で、ハリウッド映画にも出演したんですか。願ってもない人ですよ、あなたは」

「でも、アメリカに行っていたせいで、芸能界の仕事がなくなっちゃって、メイク代にも困ってるんですよ」

「それなら、ボクが出してあげるよ」

初期の頃、ある男性がポーンと600万円もの大金を出してくれた。「結婚してくれるなら、好きに使っていい」というのである。

別の男性からも結婚を前提に資金援助を受けた。真知子の金回りは途端に良くなった。

自分と結婚できると思えば、こんなにも簡単に金を出してくれるのか。

真知子は息子を連れてマンションを借り、それまでのひもじい生活と決別した。


結局、3人の男性と「結婚前提」に付き合うことにした真知子は、月30万円で家政婦を雇い、週末は必ず寿司屋で食事。月100万円も使うセレブ生活をスタートさせた。

「息子がまだ小さいので、あなたの住む家に私たちが身を寄せるわけにはいかない。息子が大きくなったら、結婚しましょうね」

男性たちはそれを信じて、延々と貢いだ。ある男性は8年間で1600万円も貢がされていた。息子が高校生になると、「サッカーの遠征でブラジルに行くことになった」などとデタラメを言われ、その費用を支払わされた。

また、別の男性は1500万円以上を貢がされていた。寝物語に甘えられ、真知子に濃厚な性戯を施されると、10万円、20万円と言われるがままに振り込んでしまった。

真知子はそれぞれの男性たちとローテーションで会い、結婚をエサにした究極の援助交際生活を確立させた。

「まだ足らないわ。どこかに金持ちの男、いないかしら」

強欲な真知子は再び、別の結婚相談所に登録することにした。そこで知り合ったのが中西徹さん（58）である。中西さんは年収1200万円の会社経営者だった。

中西さんもまた、真知子を一目で気に入り、経歴を知ってゾッコンになった。真知子は妖艶な笑みを浮かべ、中西さんに迫った。

「私こそ結婚を前提にお付き合いしたいですわ。年明けには結婚できると思いますので」

真知子は「モデルを辞めるから」と言って、当面の生活費100万円を要求した。

その10日後には、さらに100万円の追加を求めた。中西さんの部屋を訪れて、甲斐甲斐しく身の周りの世話を焼き、「結婚するならもっと大きな冷蔵庫が欲しいわぁ」と言って、その費用20万円も騙し取った。

1カ月後にはさらに100万円を要求。その傍ら、結婚相談所に公務員の田中宏さん（52）を紹介してもらい、「結婚前提」で付き合い始めた。

中西さんの誕生日、4時間も遅れてきた真知子は、「いい女と会うのに、何で待つぐらいのことで怒るの？」と言い放ち、中西さんと口論になった。これをきっかけに中西さんとの交際をやめ、真知子は音信不通になった。

その一方で、田中さんと交際していた真知子は、高級ホテルの一室で情事を重ね、「早く結婚して欲しい」という田中さんに、こんな話を切り出した。

「実は息子がサッカーで大ケガをして、ドイツで治療したんです。その借金500万円を返さないと、あなたと結婚できない。お金さえ返せば、すぐ結婚できると思います」

それで田中さんは500万円を振り込んだ。「早く自分の元へ来て欲しい」と言うと、真知子は「実は利息が100万円ある。それも返さないと結婚できない」とさらに無心。

だが、田中さんにそれ以上の余裕はなかった。

「話が違うじゃないか！」

「ごめんなさい。でも、息子も気が進まないと言っておりますし…。しばらくは行けそうにありません」

怒った田中さんは「500万円の借用書を書け」という内容証明郵便を送りつけた。

「夫婦になろうっていう関係なのに、こんなものを書かせるわけ？」

「オレの全財産だったんだ。キミこそ理解してくれ！」

「もう私のこと、お嫌いになったのね…」

それから真知子は音信不通になった。

たまりかねた田中さんは、ついに警察に相談。真知子は詐欺容疑で逮捕された。

警察による家宅捜索で、真知子の口座には他にも5～6人の男性から、不定期に金が振り込まれていることが分かった。

「私からお金を貸して欲しいと頼んだつもりはない。勝手に振り込んできたんです」

そのことを知らされた男性たちは、「自分ひとりだと思っていた。騙された！」と激怒した。

その後、真知子は中西さんに対する詐欺容疑でも再逮捕された。

だが、他の男性たちは「いつから真知子が金を騙し取る意思があったのか」を立証するのが困難で、立件は見送られた。

法廷に現れた真知子は茶髪のセミロング。目鼻立ちが整ったエキゾチックな横顔は、元モデルのたたずまいをしのばせていた。

「田中さんは生理的に合わない外見だった」

「中西さんはアル中で離婚したと聞いて嫌になった」

「他の人は自分を応援してくれる親友だと思っていた」

真知子の言い分は呆れるほど身勝手だった。息子がドイツに行った事実はなく、家政婦ですら「何の仕事をしているのか分からなかった」というザマだ。

自分の美貌だけを頼りに生きてきた元モデルのなれの果て。だが、逮捕の半年前に知り合ったという会社経営者が身元引受人となり、真知子は2ヵ月半で保釈された。

刑期があければ、休眠中の子会社社長として招き入れ、女実業家として再生させるという。美人とブスでは生涯に数千万円の経済格差がつくというのは本当だ。

裁判所は「収入がないのに贅沢な暮らしを維持しようという動機に酌量の余地はなく、男性の思いにつけ込む手口は巧妙で悪質だ」と断罪し、真知子に懲役3年執行猶予5年の有罪判決を言い渡した。

岐阜発……『週刊実話』2012年3月29日号

「借金を返せば、あなたと結婚できる」2600万円を貢がせた人妻キャバクラ嬢

キャバクラ嬢の小田美幸（37）は23歳のとき、客として知り合った最初の夫との間に長女を身ごもって結婚したが、25歳で離婚した。

再び職場に復帰し、同様に客として来ていた2番目の夫との間に長男を身ごもって再婚。しかし、夫は浪費家で、新婚早々から多額の借金を抱える始末。毎月返済し、また借金を繰り返して、生活費に充てるという自転車操業だった。

もともと美幸は両親に再婚を反対されていたが、「2人合わせて収入は100万円ある」と見栄を張り、長女を両親に預ける代わりに月25万円の養育費を渡していた。

一方、店では独身と偽り、指名客たちに金を貢がせていた。

「あなたと結婚できたら、店を辞めたい。だけど、私には家族が病気で作った借金を返す義務がある。昼は人材派遣会社で働き、夜だけ割のいいキャバクラで働いている。借金を返し終わったら、すぐにでもあなたのもとへ行きたい」

こんな話で客の関心を引き、「少しでも早く借金がなくなるように」という客からの〝援助〟を受け、自分の口座に振り込ませていた。美幸は現在の名字と過去の旧姓2つを合わせて、3種類の口座を持っていたが、客によって〝本名〟を使い分け、「松本美幸」とも「山下美幸」とも名乗っていた。

キャバクラでの源氏名ではなく、本名を名乗るのがあまりに好評なのを受けた美幸は、「もっと口座があれば、もっといろんな名字を使って、もっと多くの客から金を貢がせることが出来るのではないか」と考え、携帯電話の契約を口実に客から銀行口座を騙し取る手口を思い付いた。

「あなたといつでもメールがしたいから、あなたの名義で携帯を契約し、家族会員になりたい。そうすれば電話もメールもタダになるし、基本料金も25％引きになる。そのためにはあなた名義の銀行口座が必要。月々の料金は私が支払うから、口座を作って欲しい」

客に「あなただけよ」と言いつつ、〝本名〟を明かせば、驚くほど簡単に客の信用を得ることができた。自分のためではなく、家族のために働いていて、店の給料も父親名義の口座に振り込み指定しているという話は、美幸のウソに信憑性を持たせる結果となった。

美幸は次々と客の銀行口座を入手し、「父親の口座だから」と偽り、客ごとに「西村美幸」「島野美幸」「有川美幸」などと名乗っていた。

美幸自身も客のリストを作って、それぞれの客に自分が何という〝本名〟を名乗っていたかを間違えないようにメモしていた。美幸に騙された客は20数人に上り、総額2000万円近くを騙し取られていた。

最後の被害者となったのがサラリーマンの柳田孝明（53）だった。柳田も美幸に結婚話を匂わされ、8年前から店に通っていた。

美幸は安月給の柳田から金を貢がせる気はなかったが、柳田がリストラに遭い、800万円ほどの退職金が出るという話を聞いて、俄然と興味を持った。

「父親が入院することになって100万円ほど足りない。店の社長からも借金をしてしまい、困っている」

こんなホラ話で、難なく200万円を融通してもらい、欲が出た美幸は「あと500万円あれば、すべての問題が片付いて、あなたと結婚できる」という話を持ちかけた。

柳田は「それでは手持ちの金がなくなってしまう」と難色を示したが、美幸は「父から手紙を預かってきた」と言って、自作自演の手紙を柳田に手渡した。

〈貴方様のことは常々娘から聞いております。私は年齢差などから結婚に反対の立場でしたが、私ども家族のことをここまで思って下さる貴方様のお人柄に触れ、現在は賛成の態度を取っております。誠に心苦しいのですが、貴方様には家の実情もお話すべきと思い、ペンを取った次第でございます。娘の祖母にあたる私の母が脳梗塞を患い、入院中で困っております。さらに胃に穴が開き、その手術費用が必要なのですが、資金繰りに窮して、我が家では電化製品すら買えない状態です。娘には重荷を背負わせてしまい、親として申し訳ない気持ちでいっぱいですが、その状況さえクリアできれば、娘は安心して地元を離れることができると思います。返済は毎月必ず致します。娘のことを何卒よろしくお願い致します〉

柳田は「これだけ重要なことなら、お父さんに直接会いたい」と申し出たが、美幸は

「お金が先だ」と言うばかり。すでに怪しんでいた柳田は約束の日に50万円だけ用意したところ、美幸は金切り声で激怒した。

「これじゃ困るのよ！　今日中に500万円欲しい。あなた、私とのことは本気じゃなかったの！」

ホレた弱みで柳田は自分のキャッシュカードを手渡した。美幸はほくそ笑み、そこから7日連続で計350万円を引き出した。

その後も美幸は「あなたと早く結婚したい」と言いながら、具体的な話になるとはぐらかし、一度も返済しなかった。

たまりかねた柳田は警察に相談し、美幸がすでに結婚していることを知った。家宅捜索で美幸が複数の客に銀行口座を作らせていたことも発覚、金は残っていなかった。美幸は次のように供述した。

「お金は家族旅行で使ったり、旦那の借金の返済に充てたりした。お客さんには悪いと思っていたけど、水商売で知り合ったんだし、甘えてもいいと思った。お金のない人からは取らなかった。それが情けでした」

美幸は決して美人とは言えないタイプだったが、自分を弱く見せる術に長けていて、男好きする雰囲気があった。非情に取り立てる自信のない相手に金を貸したらダメである。

高齢者の虎の子を狙う美熟女詐欺師の〝ハニートラップ〟

大阪発……………『週刊実話』2012年12月20日号掲載

横山孝志（60）は定年間近のサラリーマン。20年連れ添った妻とは熟年離婚したが、老後の蓄えを3000万円も残し、2度目の独身生活を楽しんでいた。

ある日、いつものようにスナックへ行ったところ、あいにく休業日だったが、店の前の非常階段に〝若い女〟が座り込んでいた。

「どうしたの？」

「私もアルバイトの面接に来たんですけど、お店が閉まってて…」

それが問題の〝木村有紀子〟だった。どう見ても30代にしか見えない超美人。横山が

「一緒に飲みに行こう」と誘うと、妖艶な笑みを浮かべて付いてきた。

有紀子は「38歳」で、日本人の父親と韓国人の母親の間に生まれた一人娘だと話した。さらに、韓国人の母親は朝鮮王朝の末裔で、莫大な資産があり、「現在はイギリスのボストンで優雅に暮らしている」とのことだった。

「そんな人がまたなんで水商売を？」

「私は友人とアパレル会社を経営していたんだけど、円高の影響で、負債が1500万円にもなってしまって…。友人とは一緒に暮らしてるんだけど、彼女が妊娠してしまって、一緒に仕事ができなくなった。だから、当面の生活費は自分で稼ごうと思って…」

横山と有紀子は意気投合し、お互いの連絡先を交換した。その後もメールで盛り上がり、翌日も会うことになった。空港までドライブに出かけ、その日のうちにラブホテルに入った。

部屋に入ると、有紀子は積極的で、横山は数年ぶりに〝回春〟を味わった。

「私、横山さんのことが好きになっちゃった。私でよければ、付き合ってくれませんか？」

それから数日後、ホテルのラウンジで会った際に、有紀子から潤んだ瞳で告白された。横山にとって、女性から告白されるなど、初めての経験だった。自分がバツイチであることも話したが、「関係ない。結婚できなくても、そばにいてくれるだけでもいい」と言われ、有頂天になった。

「それでお願いがあるんだけど…」

「何だい？」

「私も友人も働いていなくてピンチなの。私、水商売はやめて、弁護士事務所で働くことにしたわ。お給料が出るようになったら、月5万円は返せるから、当面の生活費として、45万円貸してくれないかしら？」

「お安い御用だよ」

横山はその場で1万円を渡し、残りの44万円は自宅に帰ってから、ネットバンキングで振り込んだ。有紀子は「友人との共同生活の口座」として、別の女性名義の口座を指定していた。

その後も3日に一度は有紀子と会い、巧みな性技で骨抜きにされた。有紀子は横山の自宅までやってきて、家事などをこなし、「もうすぐ私も1人暮らしを始める。そしたら泊まりに来てね」などと言って、横山を夢見心地にさせた。次第に結婚もほのめかすようになり、「ボストンのお母さんにも会って欲しい」と言われ、横山は有紀子との再婚を本気で考えるようになった。

ところが1カ月後、有紀子から深刻な声で、こんな電話がかかってきた。

「お母さんが重い病気になってしまって…。検査入院が必要なんだけど、お金が足りなくて困っている…」

横山はとりあえず、100万円を貸した。詳しい病状も分からないまま、その後も「追加の検査が必要になった」と言われ、4～5回に分けて400万円余りを貸すことになった。

横山は細かいことを聞いて「男らしくない」と言われるのもイヤだったし、何より真剣さをアピールするため、〝将来の妻〟の言うことを黙って聞いていた。それとは別に「お母さんに会わせるときのサプライズとして、あなたにも見栄を張らせてあげるから、理由は聞かずに300万円貸してほしい」と言われたときも、二つ返事でOKした。

「今度の連休、お母さんが韓国へ帰ることになったの。そのときに2人で結婚の挨拶へ行きましょう」

横山はもちろん了承。有紀子に「国際電話で打ち合わせる費用が必要」と言われ、さらに21万円を援助した。2人はスーツケースを買いに行ったり、パスポートを申請するなどの準備を始めたが、その直前になって、また有紀子からこんな電話がかかってきた。

「お母さんが19歳年上の男性と知ったら、ショックを受けて寝込んでしまった。私は何とか説得したい。一緒にボストンまで行きましょう」

横山はその費用やお土産代として、新たに370万円を渡すことになった。その後も「お土産代が足りない」などと言われ、追加で20万円ほど渡すことになった。上流社会の〝常識〟がどんなものか知らず、横山は言われるがままに金を出し、ホテルの手配などはすべて有紀子に任せていた。

そんな中、〝ハプニング〟が起こった。

「パスポートを取りに行く途中、電車の中でお金をなくした。風邪で頭がボーッとしていたので、落としたのか盗まれたのかも分からない…」

横山もさすがに「おかしい」と思ったが、そこは惚れた弱み。泣きじゃくる有紀子を慰め、その分の補塡として、新たに235万円を振り込んだ。横山はわずか1カ月半で、1700万円も振り込むことになった。

「お母さんが機嫌を直してくれて、日本へ来てくれることになった。最高のおもてなしをしましょう」

それっきり、有紀子と連絡が取れなくなった。有紀子の自宅だと思っていたマンションにも行ったが、該当の住民は最初からいなかった。

「騙されたのか…。いや、事件か事故かもしれない。何か事情があるんだろう」

横山は興信所に身許調査を依頼したが、調査費用として160万円を支払っただけで、有紀子の所在は全く分からなかった。弁護士を紹介され、「これは詐欺事件として告訴した方がいい」と勧められ、愕然とした。


一方、有紀子は何食わぬ顔で歓楽街のホステスに復帰していた。〝野村祥子〟と名乗り、客として来ていた別の男性（71）にも同じ話をして接近し、結婚話とセックスで骨抜きにした。まもなく店を辞め、「生活費を貸してほしい」などと言って、90回にわたり、約760万円を騙し取っていた。

被害者たちの告訴を受けて、ようやく警察が動いたところ、女の正体は韓国籍の鄭朱華（55）と分かった。名前も年齢も経歴もデタラメ。歓楽街を渡り歩く流れ者のようなホステスだった。

逮捕されても、なお彼女はしたたかだった。

「私は結婚の約束なんてしていない。男性たちに愛人として付き合って欲しいと言われ、肉体関係を持つ代わりに、生活費を援助してもらっただけ。ボストンの母親に会いに行くなんて言ったこともないし、暴行や脅迫で金銭を巻き上げた事実もない。それがなぜ詐欺罪に問われるのか分からない」

横山は警察に振り込み履歴などを見せながら説明したが、「詐欺罪に問えるとすれば、『ボストンに行く費用』という名目で騙し取られた計625万円のみ」と説明された。民事でも有紀子の口座を差し押さえたものの、金はほとんど残っていなかった。もはや金銭的な被害回復は絶望的だ。

男性たちは、途中で何度も「ちょっとおかしい」と気付いていたという。その直感が大事なのだ。それで関係は終わるかもしれないが、ここまで〝虎の子〟を巻き上げられる被害には遭わなかっただろう。

6章 サイコパス

「好きな男の子と手をつなぎたい？」

「ううん、殺したい」

最高裁で無期懲役が確定した元名大生の女の供述である。2014年12月、宗教の勧誘で知り合った女性（77）の頭を手斧で殴った上、マフラーで首を絞めて殺害。女性に対する反省の弁を問われて、「痛かったとは思う」とポツリ。また、高校時代には同級生2人に硫酸タリウムを飲ませて、重篤な障害を負わせたにもかかわらず、「被害者2人に申し訳ないという気持ちを持った覚えはない」などと言い放った。逮捕されてから2年以上もそう言い続けているのだから、本気でそう思っているのだろう。

現代の精神医学では、犯罪を引き起こすような精神障害を「反社会性パーソナリティ障害」と呼んでいる。それがサイコパスである。サイコパスは「幼少期の環境が脳に影響を与える」という説もあるが、「一般人とは脳内の器質が大きく違う」という説もある。

他人を傷つけても、後悔も反省もしないし、過去の経験から他人の気持ちを学ぶということもしない。論理的な思考能力はあるが、道徳や倫理観、共感性、恥の概念、罪の意識といったものが欠落しており、他人がどうなろうと、その相手を思いやることもない。

ウソをつくのも平気だし、ドキドキして心拍数が上がるということもなく、自分が見定めた目標を冷静に完遂する。他人の批判も気にしないし、罰に懲りるということもない。

こんな女に狙われたら最悪だが、「やられる前にやってしまった」という事件もある。

２０１４年2月、東京都武蔵野市でサイコパスの女（35）に狙われた交際相手の女性（32）を助けるため、キャバクラ運転手の男（35）が寝込みを襲って殺害したという事件だ。

「正当防衛のつもりだった。交際相手を守るには、被害者に消えてもらうしかないと思った。自分も含めて被害者には皆が散々な目に遭っていた。たとえ被害者が死んでも、家族以外は悲しまないだろうと思った」

被害者は過去にも人を自殺に追い込んだことがある札付きの女だった。「あんな女、生きている価値もない。あの女さえいなくなれば、皆が幸せになれる」という義侠心から引き起こした事件だった。

はっきり言えば、サイコパスはサディストに近い。他人の痛みを全く無視して、自分の欲望を満たそうとする。他人が苦しむ様子を見ることに喜びを感じ、残虐な行為に及ぶのである。そんな女たちの恐るべき犯罪をご覧いただきたい。

愛知発………『週刊実話』2011年11月17日号掲載

「私の体を触ったでしょう!」ドS女のセクハラ慰謝料強奪計画

天野絵梨香（25）は19歳頃から風俗や援助交際で稼ぐ住所不定の女だった。しかもドSで、〈いじめられたい人募集〉とネットの掲示板に書き込み、M客ばかりを相手にしていた。

そんな絵梨香を路上で見かけ、声をかけたのが後に被害者となる山本弘（66）だった。雨の日の深夜、援交客に待ちぼうけを食らった絵梨香がパチンコ店の前に立っていたところ、山本が「明日の昼までなら家にいていいよ」と誘い、自宅に連れ込んだのが始まりだった。

布団を敷いて一緒に横になると、絵梨香の香水がプンと鼻につき、欲情に駆られた山本は寝ぼけているフリをして胸などを触った。それでも起きる気配がないので、下着をずり下げ、下腹部に指を入れようとしたところ、絵梨香がむっくりと起き上がった。

「ちょっとジイさん、何やってるのよ！」

「いや、別に…」

途中で絵梨香に気付かれたので、山本はそれ以上の行為はしなかったが、絵梨香からすれば、タダで自分の体に触るなんて、とんでもないことだったのだ。

「あのジジイ、許せん！」

後から腹が立ってきた絵梨香は山本から慰謝料を取ろうとした。だが、山本は「やってない」の一点張りだった。絵梨香は怒りが収まらず、山本の留守中に部屋に忍び込んだところ、通帳の残高が35万円あるのを確認した。

「よし、ここから慰謝料を取ってやろう」

そんなとき、新たに知り合ったのが杉浦信輝（29）だった。援交の客待ち中に声をかけられ、意気投合。杉浦は絵梨香と車で寝泊まりして小遣いをもらうという生活を始めてから、会社に行くのも辞めてしまった。

「私の体に触って金を払わないジジイがいるのよ。そのことを問い詰めても、認めようとしない。金を持っていることは分かっている。慰謝料を取りたいから手伝ってくれない？」

杉浦は即了承。援交仲間の佐藤美奈（21）にも話すと、「分け前が欲しい」と言って一緒に付いてきた。

事件当日、3人は未明に山本宅へ押しかけた。

「ジイさん、前に泊まりに行った時、私の体に触ったでしょう。いい加減に認めなさいよ」

「触ってないって言ってるだろう！」

「ここにダーリンを連れて来た意味は分かるよね？」

杉浦は絵梨香の調子に合わせて怒鳴りつけた。

「おい、ジジイ。オレの女に何しやがったんだ。オレは組のモンだ。事務所に連れて行くぞ！」

それでも山本は頑として認めようとせず、「好きなようにせえ」と開き直った。

「もうこのジジイ、やっちゃっていいよね…、私は血を見たら止まらなくなるよ」

「おう、やれやれー」

杉浦は絵梨香の本性を知らず、軽口を叩いてけしかけたところ、絵梨香は台所に包丁を取りに行き、2本の包丁を握って、刃の部分を山本の頭に何度もガンガンと振り下ろしたのだ。

「ギャーッ‼」

見ていた杉浦と美奈は唖然。山本は血まみれになって、「ごめん、触った。謝ります」とすがりついてきたが、絵梨香は「もう遅ぇんだよ。服を着ろ。ここじゃ誰かに通報される」と外に連れ出した。

その途中で山本が逃げようとしたため、また激怒した。山本の股間を思いきり蹴り上げた上、靴底で股間を何度も踏みつけた。山本は手足を緊縛され、車で拉致された。

「どこへ連れて行こうと言うんだ…」

「知り合いの闇金がいる。アンタはそこで１００万円ばかりつまんでもらうよ」

しかし、闇金と連絡が取れなかったので、山本を車で連れ回すことになった。

「アンタのキャッシュカードの暗証番号を教えろ」

「金は持っていない…」

「ウソをつくな。残高が35万円あることは確認済みなんだよ」

山本から暗証番号を聞き出し、コンビニのＡＴＭで引き出そうとしたが、なぜか数百円しか入っていないことが分かった。

「ジイさん、あの金どうしたのよ！」

「ずっと記帳に行ってなかったんだ。とっくに使っちゃってるよ」

それを聞くと、絵梨香の怒りはピークに達し、「このクソジジイ！」と言いながら、山本の顔を何度も刃物で切り裂いた。

「やめてくれー」

「てめー、金もないくせに私の体を触ったのか！」

絵梨香はタバコの火を押し付け、「寝るな！」と言ってライターの火で腕などをあぶった。杉浦と美奈は「やりすぎだ…」と感じていたが、絵梨香が恐ろしくなり、黙っていた。

「こいつと女子中学生をセックスさせて、裸の写真を撮ろうか」

絵梨香は援交仲間の女子中学生に電話したが、「学校にいる」と言われ、それも叶わなかった。途中で山本が「小便に行きたい」と言うと、それにも激怒して、「これでガマンできるだろ」とビニールテープでペニスをグルグル巻きにした。

だが、夜になっても闇金と連絡が取れず、だんだんと山本の存在が邪魔になってきた。このまま死なれても困る。3人は人目につかない道路脇で下ろし、最後に絵梨香がトドメとばかりに腹に包丁を投げつけた。

「ざまあみろ！」

その帰り道、「もしかしたらジジイは死ぬかもしれない…」と動揺していた杉浦は事故を起こし、警察を呼ばれることになった。

車内に残っていた血痕の理由を追及されて犯行を自供。山本は通行人に発見され、一命を取り留めた。

杉浦と美奈は「あそこまでやるとは思わなかった」と泣いて謝ったが、絵梨香は「今でも謝る気はない。死ねばよかったのに残念。殺してやればよかった。ハハハ…という気分」などと供述した。不用意に援交女とかかわると、とんでもない目に遭うという見本のようなものだ。

裁判所は「被害者の頭を包丁で切りつけて数十針のケガをさせた上、車で16時間も監禁し、路上に放置した。犯行結果は重大」と断罪し、絵梨香に懲役6年を言い渡した。

同居男性を殴り殺した逆DV女のカマキリ人生

三重発……………『週刊実話』2012年12月27日号掲載

「全身アザだらけの不審な男性が運ばれてきた。一緒に付いてきた女性の様子もおかしい」

事件当日未明、救急病院から警察にこんな連絡が入った。警察官が病院に駆けつけたところ、問題の女である北村里美（40）がロビーにいた。

「一体どうしたんです？」

「車に荷物を積み込もうとしていたら、彼が玄関前で急に倒れた。頭を壁にぶつけたのかもしれません」

まもなく男性は死亡。被害者である戸田拓也（44）は里美の同棲相手だった。

司法解剖の結果、戸田は全身に皮下出血があり、両肩が粉砕骨折していた。外傷による筋肉内出血が多すぎて、全身に血液が回らなくなり、ショック死したというものだった。

「あなたが手を出したのではないか？」

「違います。殴ったことは一切ありません」

「彼の体にアザがあったことは知っていたか？」

「ランニング中、堤防で転んだと言っていました。彼とは同居しているだけで、恋人ではありません。裸を見たこともありません」

しかし、警察が自宅を調べたところ、血痕の付いたハンマーや電気マッサージ機が見つかった。

被害者の預金通帳を調べたところ、1000万円近くあった残高がほとんどゼロになり、大半の金が里美の口座に振り込まれていることが分かった。

さらに戸田の携帯電話の解析から、里美の二枚舌ぶりが明らかになった。里美は男性と交際するたびにDVを繰り返すカマキリのような女だったのだ。

里美は20代の頃、10年間も同棲していた男がいた。裕福な両親が生活費を援助していたが、イライラすると暴力を振るい、最後は相手を病院送りにするほどの大ケガを負わせ、その恋は終わった。

傷心の里美はテレクラで援助交際を始め、それを通じて知り合った第2の男と同棲。だが、その男にも暴力を振るい、男が逃げ出したため、同棲を解消した。実家に戻ると、夜中にひたすら冷蔵庫のなかのものを食べるという過食症になった。

激太りした里美はイライラして、両親にも暴力を振るうようになり、精神病院に強制入院させられた。退院後、しばらく暴力は収まっていたが、今度は怪しげな団体が主催するセミナーを見つけてきて、「これに参加したい」と言い張った。

「私にピッタリなの。ダイエットもできて、身も心も生まれ変わるんだって。ここへ行かせて」

両親に金を出させ、その〝強化合宿〟で見つけてきたのが、第3の男だった。里美はその男を実家に連れてきて、そのまま同棲を始めた。

だが、その男は筋金入りのヒモだった。働かない代わりに、里美に暴力を振るわれても怒らない。将来を案じた里美の両親に自立するよう促され、アパートを契約した途端、その男は行方不明になった。

里美は一人身の寂しさから出会いカフェにのめり込み、そこで知り合った男たちと泊まり歩くという自堕落な日々を送った。

いつの間にかアラフォーを迎え、「いっそのこと、家庭に逃げようか」と結婚相談所に登録したところ、そこで知り合ったのが被害者の戸田拓也だった。

戸田は転職歴はあるものの、真面目な男だった。コツコツと貯めた預金は１０００万円。里美と知り合ったときはタクシー運転手をしていた。

「あなたのようなきれいな人が今まで独身でいたなんて奇跡です。僕はこう見えても、貯金が２０００万円あります。当面の生活は見てあげられると思います」

戸田は多少の誇張をまじえ、こんなふうに自己紹介した。すると俄然として、里美の目が輝いた。

「私も結婚前提で交際したい。でも、私は過食症で悩んでいるの。働こうとしても、リバウンドがあったりして、すぐに体がしんどくなる。結婚するまでに身も心もきれいになって、あなたのところへ嫁ぎたい。それに両親にも恩返ししたいの」

戸田は理解を示し、里美が通い詰めていたセミナーの合宿費用１５０万円を出すことにした。さらに里美にねだられてサプリメント費用の20万円も出してやった。

だが、「栄養士の資格を取るため、専門学校に通いたい」と２２０万円を要求されたときは、さすがに難色を示した。

「そういう話は結婚してからにしてくれないか。僕らはまだそこへ行くまでの過程の段階なんだから」

すると、里美は激怒し、「私は結婚をダシに弄ばれた被害者だ」と言い出し、こんな脅迫メールを送りつけてくるようになった。

〈元カレのヤクザに相談したら、『許せん！』と怒っている。若い衆を連れて行ったら、アンタなんかイチコロだよ。簡単に潰せる。私が苦しんだ分、仕返しするからな。私の体を弄んだのは事実なんだから〉

戸田は「以前のお金はあげるから」と言って別れようとしたが、「アンタと付き合って体を壊した」と言いがかりをつけ、「とりあえず１２０万円。１年後に１００万円出す」という念書を書かされた。

里美は自分の要求が通ると、「たっくん、大好き。私を手放さないでね」などと手のひらを返し、断られるとまた、「元カレのヤクザに言うよ！」と脅し、金を巻き上げていた。

里美は婚約者という立場にあぐらをかき、結婚願望の強い戸田の足元を見て、家賃や携帯代金も負担させるようになった。

結局、専門学校の残りの学費についても、支払わされることになり、戸田は事件の３カ月前にこんな手紙を書いていた。

〈お父さん、お母さん、お兄さん、ごめんなさい。もう生きるのが怖くなりました。里

美ちゃん、自分に合う人と巡り合うことを祈ってますよ。さようなら〉

それでも別れ話は成立せず、里美が専門学校に入ると、「体がしんどい」「ストレスがたまっている」と言われ、里美のアパートで生活の面倒をみるようになった。もともと勉強が苦手な里美は「授業についていけない」とイライラし、その鬱憤を戸田にぶつけた。

戸田はハンマーや電気マッサージ機で殴られ、顔面に青アザを作り、会社にも出勤しなくなった。

心配した上司が訪ねて来ると、「看病しなければならない人がいるんです。僕は転んだだけです」などと言ってごまかしていた。

戸田は里美に支配され、徐々に正常な判断ができないＤＶ被害者特有の心理状態に陥っていった。

事件当日、里美は戸田と些細なことから口論になり、いつものように戸田を殴りつけた。ぐったりした戸田が心肺停止状態に陥っているのにも気づかず、長時間にわたって殴り続けた。

深夜になって、戸田が息をしていないことに気付き、慌てて１１９番通報。病院にも付き添ったが、自分が暴力を振るっていたことは頑として認めなかった。

2カ月後、警察は傷害致死容疑で里美を逮捕した。数々の証拠を突きつけられて、ようやく里美は暴力を振るっていたことを認めたが、「当時は心神喪失状態だったので、何も覚えていない。私は無罪です」という主張を繰り返した。

「人間は追い込まれると、とんでもないことをしてしまうという勉強になった。これからは心を入れ替えて生きていきたい」

まるで反省のない里美は、法廷でも他人事のような感想を述べた。警察は里美と付き合った3人の男たちからも調書を取ったが、「里美は暴れ出したら止まらない。気の弱い男だったら、一方的にやられるだろう」と口を揃えた。どれだけ晩婚化が進んでも、こんな女とだけは結婚すべきではない。

大阪発……『週刊実話』2014年2月20日号掲載

殺人願望女のラブホ密室3時間半の攻防

真冬の未明、ラブホテルから119番通報があった。

「刺された…、助けて…」

今にも消え入りそうな男性の声。救急隊員が駆けつけたところ、車椅子のそばで腹から血を流した男性が倒れていた。それが被害者の山田崇雄（53）だった。

「誰に刺された？」

「知らない人…」

「初めて会った人か？」

「そうです」

山田は救急搬送されたが、意識不明の重体に陥った。警察は殺人未遂事件とみて捜査に着手。山田の携帯電話を解析したところ、直前までやり取りしていた佐野麻衣（22）が浮上した。

その翌日、現場から遠く離れた地方の交番に「男を刺しました」と言って、麻衣が出頭してきた。所持品のバッグから、新聞に包まれた血の付いた包丁が見つかった。麻衣はその場で逮捕されたが、その動機を聴いて警察官も仰天した。

「仕事や恋愛がうまくいかず、イライラしていたので人を殺して鬱憤を晴らしたかった。確実に殺したかったので、障害者を選んだ」

山田と麻衣は事件の3日前、障害者同士の交流サイトで知り合った。

〈私は13年前に交通事故で脊髄を損傷し、車椅子の生活になりました。女性の友達が欲しいです〉

こんな山田の書き込みを見て、接触してきたのが麻衣である。

〈22歳のフリーターです。私も精神障害があります。よかったらメル友になりませんか？〉

山田は自分がバツイチの53歳であるということも話したが、麻衣は〈全然大丈夫。お食事でも行きましょう〉などと誘ってきた。

〈麻衣さんは一人暮らしなの？〉

〈いえ、実家です。医者の父と専業主婦の母、医大生の妹と4人暮らしです〉

〈へぇ、すごいね。エリート一家じゃないですか〉

〈それがちっとも良くないんですよ。父とはずっと仲が悪いし、私の障害のことも理解せず、隠し続けた方がいいと言っています〉

〈でも、親御さんとしてはお婿さんをもらって、跡継ぎが欲しいんじゃないですか？〉

〈そんなことありません。それより私、山田さんのことが気に入りました〉

山田が何を言っても否定せず、何度もメールを送られるうち、山田も急速に麻衣に惹かれていった。

〈麻衣さんは日頃、何をしているの？〉

〈スポーツジムに通ったり、バーに行ったり…。でも、いつも一人で行動しているので寂しいです〉

〈私の家の近くまで来てくれればごちそうしますよ〉

〈本当ですか。それなら、あなたの家に行って手料理をふるまいたい。バイトの都合もあるので、○月○日はどうですか？〉

〈大丈夫ですよ〉

〈よかったー。早くあなたに会いたいです。あなたのそばにいたいです。あなたのこと

が真剣に好きになりました〉

それから麻衣はやたらと〈2人きりになりたい〉を連発し、〈夜の公園とか神社とかに行きませんか？〉などと誘ってきた。山田が〈外は寒いし、ラブホはどうですか？〉と誘い水をかけると、〈いいですよ。今からワクワクしています。よかったら私と泊まりますか？〉と誘ってきた。

〈話の展開が早くて、ちょっと戸惑っています…〉

〈ごめんなさい…。私一人で盛り上がっていました〉

〈いや、そういうことじゃなくて、本当にこんなおじさんでもいいの？〉

〈私、もうあなたと結婚したいです。お見合いとかはしたくありませんから〉

〈麻衣さん、そういう話は会ってからにしましょう〉

2人は写メを交換。麻衣は黒髪がよく似合うパッチリした目の美人だった。

〈すごい美人じゃないですか。何かのセールスですか。私はお金はありませんよ〉

〈ひどーい。それなら、ホテル代は私が出しますよ。私、家には帰りたくないんです。一日だけでもいいんです。お願いします〉

〈ごめんごめん。そういうわけじゃないんだ。何だか信じられなくてね…〉

2人は話が盛り上がり、予定を繰り上げて、その日のうちに会うことにした。麻衣のバイトの都合で、山田の自宅近くのターミナル駅で夜10時に会うことになった。〈これから向かいます〉という麻衣のメールが最後の履歴になった。

事件当日、2人は駅で会い、麻衣が山田の車椅子を押して近くの居酒屋に入った。2人は焼酎やカクテルを飲み、お互いにメールしていた内容を確認し、店を出るとタクシーに乗り、ラブホテルに向かった。

部屋に入ると、山田は小便がしたくなったのでペニスを出し、空のペットボトルに尿を入れたが、麻衣はイヤな顔一つせず、それを便器に捨ててくれた。麻衣はカラオケを楽しみ、山田はいよいよ胸が高鳴って、雰囲気を作るためにAVをつけた。

「実はプレゼントがあるのよ。目をつぶってて…」

「こうかい？」

山田は麻衣に言われて両手で顔を覆った。それから2〜3分経っただろうか。ガサガサとバッグから何かを取り出す音がして、いきなり体に「ドンッ」という衝撃を受けた。目を開けると、麻衣が体ごともたれかかっていた。体の麻痺のせいで何が起こったのか分からなかったが、麻衣の手には包丁が握られていた。

「ヒィーッ！」

「死ぬところを見せてよ」

「何を言ってるんだ！」

それから包丁の奪い合いが始まり、2人はもつれるように床に転げ落ちた。

「助けてくれ。オレはもうすぐ初孫が生まれるんだ。殺さないでくれ！」

「私が手を放したら、あなたが刺すでしょう」

「オレは歩けない。刺せるわけがない。傷口から内臓が出ているかもしれない。病院へ行かせてくれ！」

そんな山田に麻衣は催涙スプレーを吹きつけ、「ホテルの防犯カメラには私の姿が写っている」「始発にはまだ時間があるのでここに居させてもらう」などと冷静に反論し、それを2時間以上も拒否した。

「頼む。救急車を呼ばせてくれ。オレは死にたくないんや。警察には言わないから、今すぐ逃げるんや！」


ようやく山田が119番通報したのはホテルに入ってから3時間半後。山田は救急搬送中に意識を失い、一命は取り留めたが、全治4カ月の重傷だった。

一方、麻衣はタクシーに乗って港へ行き、フェリーに乗って逃亡する。逃亡先のネットカフェで事件が報じられていることを知り、観念して警察に〝自首〟した。

警察の家宅捜索で自宅から詳細な殺人計画書が見つかり、「○月○日に車椅子の男を殺す」「刃物は当日買う」「死体はゴミ袋に入れる」「消臭剤で臭いを消す」などの記述のほか、死体をバラバラにするための絵が描かれていた。

麻衣は精神鑑定にかけられ、軽い知的障害が見つかった。もちろん医者ではない両親はそれに気付かず、スパルタ教育で娘を育て、本人の凄まじい努力で大学まで卒業していた。しかし、就職してからは対人関係がうまくいかず、勤務先の福祉施設や車の部品工場を相次いで3カ月で退職し、父親に厳しく叱責されていた。

それに加え、事件直前に学生時代から付き合っていた彼氏に別れ話を切り出され、イライラが頂点に達していた。そこでたまたま知り合った山田に怒りの矛先を向けたのである。

「相手は誰でもよかった。ネットサーフィンをしていて、障害者同士の交流サイトを見つけたので、恋愛を装って近づくことにした」

被害者の山田は「こんな女は障害者の敵。社会から隔離して欲しい」と訴えているが、誰もが遭遇するかもしれないところにこの事件の怖さがある。突然の大モテにはこんな怖いこともあるので用心されたい。

死後の世界で一緒になるために元夫を殺したホラーマニアの女

愛知発……『週刊実話』2009年9月24日号掲載

青木祥子（31）が「元夫を殺しました」と言って、警察に自首してきたのは2年前のことだった。泣きもせず、落ち着いて淡々と語るので、当初はストーカー的な独占欲から殺害したものかと思われた。

「彼を愛していたので、独り占めにしたくて殺しました。他の女の人には取られたくなかったので、自分だけのものにしようと思いました」

警察官が自宅へ確認に行くと、元夫の和田孝一さん（39）が寝室の布団の上で包丁で腹を刺されて亡くなっていた。それより異様だったのは、遺体を取り囲むように中華料理が並べられ、ローソクが立てられ、まるで何やら儀式でもしたかのような形跡が残っていたことだった。

祥子に理由を尋ねると、次のように答えた。

「彼が天国に行くための儀式です。私も彼も病気だったので、あの世で幸せに暮らそうと思いました。彼は糖尿病だったし、ひどい下痢で苦しんでいた。私も彼のもとへ行こうと思いましたが、死に切れず、ずっとそばで見守っていました」

警察が祥子の病歴を調べると、20代の頃から精神病院への通院歴があった。19歳のときにも「『幽遊白書』に出てくる飛影に会うために魔界へ行く必要があった」との理由から自殺を図ったこともあった。祥子は犯行は認めていたものの、その経緯の説明は支離滅裂だった。

「彼を殺した後に、彼の携帯を使って占いサイトを何度も見ました。そしたら『彼も感謝してる』って。彼があの世で幸せになるためには、彼がこの世で好きだったものを捧げなくちゃならない。それで中華料理を並べました。私も彼が好きだったワンピースを着て、彼が使用していたインシュリンを打ち、彼のもとへ行こうと思いましたが、死に切れなかったので、これは彼が『霊界へ来るな』と言っているのだと思い、出会い系サイトで知り合った男の人とセックスしに行きました」

そして、祥子は「私は彼を愛していた。彼も私に殺されて幸せだと思っているので、悪いことをしたわけではありません」という持論を展開した。犯行後、出会い系サイトで知り合った男とセックスしたことについては、「彼がこの世に未練を残さないための願掛けだった」と説明。かと思えば、「一緒に死ぬつもりだった」と号泣し、死後の世界のことをとうとうと語るのだった。

「これでは刑事責任能力を問うのは難しいだろう…」

捜査関係者の誰もがそう思った。だが、精神鑑定の結果、「刑事責任能力に問題はない」と診断されたので、祥子は殺人容疑で本格的に取り調べを受けることになった。

祥子と孝一さんは事件の8カ月前、2人が入院していた病院で知り合った。共通の知人の女性がいて話をするようになり、病室のベッドでこっそり肉体関係まで持った。看護師や医師の目を盗んで逢瀬を重ね、「パンツを脱いだらすぐ合体」というセックスに病みつきになった。

当時、孝一さんは離婚したばかりで、仕事を失った状態だった。同居の祥子の父親は孝一さんとの交際に反対していたが、2人は退院すると、すぐ祥子の実家で同棲生活に入った。5カ月後には結婚。のちに事件現場となるアパートで同居を始めたのだ。

しかし、孝一さんには肉体関係のある女性が多数いた。「私のことだけ考えてほしい」という祥子の願望とはズレがあり、新婚早々、孝一さんに送られてくるメールの内容をめぐってケンカが絶えなくなった。

「何よ、この『今度キスするときは納豆を口に含んでクチャクチャしようね』ってのは。この人は誰なのよ！」

問い詰められて孝一さんは、もともと祥子を紹介してくれた知人の女性とも肉体関係があったことを告白。それが原因でギクシャクし、わずか2カ月後には離婚した。

実家に戻ってきた祥子を父親は歓迎したが、それは祥子にとって孝一さんの気を引く方便でしかなかった。後日、孝一さんが泣き落としの電話をかけてくると、祥子は「待ってました」とばかりに同居を再開。数日後には籍を入れ直した。

ところが、その2週間後には近所の中華料理店の女性店員と親しげにしゃべっていたという理由でまた離婚。「彼にやきもちを焼かせたい」という理由で、出会い系サイトで知り合った男と肉体関係を持ち、その写真をメールで送り付けて、「もうお互いに浮気はしない」と約束させた。

周囲はこんな2人のママごとのような結婚生活に振り回され、「もういい加減にしろ！」とサジを投げた。それから間もない頃に孝一さんが突然、殺害される事件が起こったのだ。

事件当日、例によって孝一さんの女性関係をめぐって口論になった祥子は、「お前とはもう、体の関係だけでいい」と突き放された。さらに「これ以上太ったら、浮気するぞ」と言われ、不安になった。

その夜、孝一さんと添い寝しながら寝顔を見ていて、祥子は「こんな苦しみを味わうぐらいなら、ここでハッピーエンドを迎えた方がいい」と突然思い立ち、いきなり包丁を孝一さんの腹に突き立てたのだ。内臓が見えると、興奮してさらに何度も刺したという。

孝一さんは「祥子…」と言い残して絶命。それを見て、「最後まで私のことを考えていてくれたんだ」と思うと、うっとりした気持ちになった。祥子は〝あの世で幸せに暮らす儀式〟を施し、自分も自殺しようとしたが、死に切れなかったので、2日後には自首することにしたというのである。

「すると、あなたは殺意を持って、被害者の腹部に包丁を突き立てたんだな」

「はい、2人とも病気だったので、あの世で一緒になることが幸せだと思いました。殺してあげるのが一番いいと思いました」

こうして祥子は殺人罪で起訴された。ところが、祥子は公判が始まると、「彼に『殺してくれ』と頼まれたから刺した。調書はデッチ上げられた」と主張。弁護士も打ち合わせになく、「公判を延期してほしい」と申請した。

その後、祥子の奇行はますますひどくなり、「孝ちゃんの霊が来た」と言って拘置所の壁に延々と話しかけたり、「欲求不満で我慢できない」と言って差し入れられた本の角を使って延々と自慰行為をしたり、「私の病気は治る見込みがない」と言って3度も自殺未遂を図るなどした。祥子は再び、精神鑑定にかけられることになった。

しかし、これで事件の真相が暴かれることになった。専門医による鑑定で、祥子は精神病ではなく、「罪を軽減したいがための詐病」と断定されたのだ。

「被告人が主張する社会恐怖は、国際基準による妄想の定義には当てはまらない。性的パートナーの性的貞節を正当な理由なく疑うという妄想性パーソナリティ障害にも当てはまらない。被害者が被告人の名前を叫んで絶命し、被告人のことを考えてくれていると思い、うっとりした舞い上がる気分から、被害者との絆を保持したいと考え、自殺を企図した。被告人は情緒不安定性パーソナリティ障害であったと認められる。つまり、犯行においては人格が影響しており、精神面は影響していない」

つまり、祥子の話はすべて作り話だったということだ。1年ぶりに開かれた公判で、祥子は初めて遺族に謝罪した。精神疾患を装っていたことについては、「父や妹に肩身の狭い思いをさせたくなかった。心中と言えば、心理的負担が軽くなるかと思い、ウソをついていました」と述べた。ホラー関連の話はすべて後から考えたという。

「生まれ変わっても、もう一度孝一さんと結婚したい。今まで付き合った人の中で、自分の病気をこれほど心配してくれた人はいませんでした。お互いに寂しがり屋だったので、一緒にいるだけで幸せでした。とにかく私が一番愛した人でした」

裁判所は懲役11年を言い渡した。自分を弱者に見せかけるのも、したたかなサイコパスの特徴かもしれない。

大阪発……………『週刊実話』２０１０年３月25日号掲載

遺産相続のために別人の死体を用意中国人妻の〝悪魔の計画〟

中国籍の徐永麗（54）は来日当初、現代も残る遊廓街の一角にある居酒屋で働いていた。周辺は日本屈指の労働者街で、そこで暮らす人たちに天涯孤独な人が多いことを知り尽くしていた。

7年前、悲願だった自分のスナックを開業すると、常連客らに「１００万円で戸籍を売らないか」などと持ちかけ、日本での就労を希望する中国人女性との〝お見合いツアー〟に連れて行くようになった。

女性１人あたり約３００万円の報酬をもらい、男性に約１００万円を支払う。旅費などを差し引いても約70万円の収益があった。現地で虚偽の婚姻証明書を入手し、日本人の妻として来日させるのだ。

ところが、入管当局の摘発が厳しくなり、偽装結婚に失敗するケースが増え、仲介業は行き詰まるようになった。永麗は「いっそ自分も日本人と結婚してラクになりたい」と考えるようになり、その相手として選んだのが、常連客の高橋正一郎さん（77）だった。

高橋さんは一等地に１００坪以上の土地を持つ資産家だった。15年以上前に前妻と離婚し、３人の娘がいたが、１人暮らしだった。糖尿病を患い、健康状態は良くなかった。

「私、高橋さん好き。年の差なんて関係ない。結婚して、お世話したい」

永麗は高橋さんに色仕掛けで迫った。20歳以上も若いスナックママに情熱的に迫られ、高橋さんは知り合って1年もしないうちに結婚。ところが、５カ月後には忽然と姿を消してしまったのだ。

「私の夫が家出してしまいました。生活にも困っている。財産を相続したい」

永麗は家庭裁判所に相談したが、一般の行方不明者の場合、失踪してから7年経過しないと財産相続を受けられないという日本の法律を知り、愕然とした。そこで高橋さんの替え玉になる人物を探すことにし、「年寄りで、糖尿病の人を知らないか」と声をかけて回るようになった。

高橋さんに年齢が近く、糖尿病を患っており、いなくなっても周囲が関心を持たない人物——その条件にピッタリだったのが、労働者街で働く小野悟さん（71）だった。

永麗は小野さんに謝礼を払い、「夫」と偽って、高橋さん名義の保険証を使い、あちこちの病院に入院させた。これは「夫の病気の悪化を放置しなかった」という〝記録〟を残すためでもあった。


そして1カ月ほどすると、小野さんを知人宅の納屋へ連れて行き、身動きが取れないように簀巻きにして、インシュリンを長期間投与せず、心不全により死亡させた。

「これでよし。夫が死亡したことにしよう」

永麗はその日のうちに町役場に駆け込み、急いで火葬してもらうよう要請。翌日には葬儀を済ませ、遺骨は無縁仏の寺に納骨した。高橋さんの3人の娘たちはつゆ知らぬことだった。

それから2カ月後、たまたま高橋さんの娘の1人が戸籍を見たところ、生きているはずの父親が死亡したことになっていることに気付いて仰天。娘はすぐ警察に駆け込み、地元の警察署から取り寄せた遺体の写真を見て、「父親とは違う」とさらに仰天。永麗とは連絡が取れない状態になっており、その後の調べで死亡したのは小野さんと判明した。

捜査が進むうち、高橋さんの預金が永麗によって、勝手に引き出されていることが判明した。さらに3人の娘たちの住民票が勝手に移動されていることも判明。住民異動届を役所に提出し、実印登録すれば、印鑑証明が発行できる。永麗は娘の〝替え玉〟の女を使って印鑑証明を不正取得し、娘たちが持つ高橋さん所有の宅地相続権のうち、次女、三女の相続放棄を偽装するための書類を作成。それを司法書士事務所に持ち込んで、土地相続の登記内容の書き換えを委託した。結果、永麗の名が高橋さんの土地登記簿に記載されていたのである。

ただし、この時点では永麗の所有権は2分の1のみで、長女の相続権は残された形となっていた。しかし、ここが一連の計画の綿密さを示すところで、「いきなり娘3人が相続権を放棄し、後妻に委ねるというシナリオは怪しまれるのではないか」と考え、後日、長女になりすました〝替え玉〟の女を連れて司法書士事務所を訪れ、「お母さんを信用していますから」などと証言させ、長女の相続分の買い取りの手続き代行も依頼。その段階になって警察が捜査に踏み込んで来たのだ。

一方、永麗は「私の取り分は2千万円でいい。早く土地を売ってお金にしたい」と言って、地元に顔が利くヤクザに売却を依頼。地元の商店主に4千万円で売るところまで話が進んでいた。

その事実を知った娘たちは、裁判所に永麗による財産の転売を禁じる仮処分を申請し、仮処分命令が出たため、売却話は宙に浮くことになった。

警察は高橋さんの娘たちの住民票を勝手に移したとして、公正証書原本不実記載・同行使の疑いで永麗を指名手配したが、それっきり永麗の行方は分からなくなった。

永麗は事件発覚後、実在する日本人女性の名をかたり、パスポートの取得申請を行ったほか、新聞社に「私は北京にいる」というウソの手紙を送りつけるなど、逃走のために数々の策を弄した。詐欺の共犯で捕まった関係者の供述などから、小野さんに対する殺人容疑でも指名手配されたが、永麗は中国人コミュニティのつてをたどって潜伏し、ホステスなど職を転々としていた。

永麗と高橋さんが住んでいたアパートは家宅捜索が入り、押し入れから高橋さんの大量な血痕と筋肉片などが見つかった。筋肉片は骨の表面に付着している「骨格筋」で、関節をつないで体を動かす働きがあるものだった。高橋さんは何らかの方法で身体をバラバラにされ、もはや生存の可能性は絶望的だった。

高橋さんの娘になりすました〝替え玉〟の女（46）も逮捕された。女は永麗に「旦那は心筋梗塞で死亡した。旦那には娘が3人いるが、遺産を独り占めしようとしている」

と言われ、100万円の成功報酬をもらって、住民票を異動したという。長女になりすまして「母を信頼している」とかたっていたのもこの女だった。

警察にとって、最大の懸念は肝心の高橋さんの遺体が見つからないことだった。永麗は5年後、屋台の男性に依存して生活しているところを発見され、逮捕されたが、事件への関与は否定。「夫はどこかで生きている」と主張し、替え玉の小野さんについては「病死だった」と言い張った。

検察側は40人もの証人を公判に出廷させた。その中でも切り札となったのが、「夫(高橋さん)の遺体らしきビニール袋」を運ばされたスナックの常連客だった。

「永麗から『一泊でドライブ旅行しよう』と誘われ、朝迎えに行くとボストンバッグや黒いビニール袋を持って待っていた。それを持ったまま旅行に行こうとするので、不自然だと思い、何が入っているのかと聞くと、『漢方薬だ』と言っていた。それを旅行先の川まで運び、橋の上から投げ落とすのを手伝わされた。その日は一緒に泊まる約束だったのに、それを投げ入れた途端、『もう帰ろう』と言うので変だと思った」

その時期が高橋さんの失踪時期と一致していた上、ビニール袋を運んだ車のトランクのシートについていたシミから高橋さんのDNAが検出され、「それが遺体であった可能性が高い」と主張。検察は「他に類を見ない冷酷な犯罪計画で、極刑を選択するしかない」として、死刑を求刑した。

裁判所は夫の死については「殺意までは推認できない」としながらも、「被告こそが夫を死亡させた犯人と推認できる」として、傷害致死罪に当たると判断。替え玉の小野さんについては「病状を知っていたことから殺意も認められる」として殺人罪の成立を認め、無期懲役の判決を言い渡した。

だが、永麗はあっけにとられたような表情で立ち上がり、「全部ウソでしょ。証拠がないよ！」と絶叫した。般若のような形相で退廷し、即日控訴。最高裁まで争ったが、「死刑も十分に考慮されるが、殺された被害者が1人で、犯行状況も不明であり、無期懲役の判断が誤りとは言えない」として、無期懲役が確定した。

7章

ネオン街のトラブル

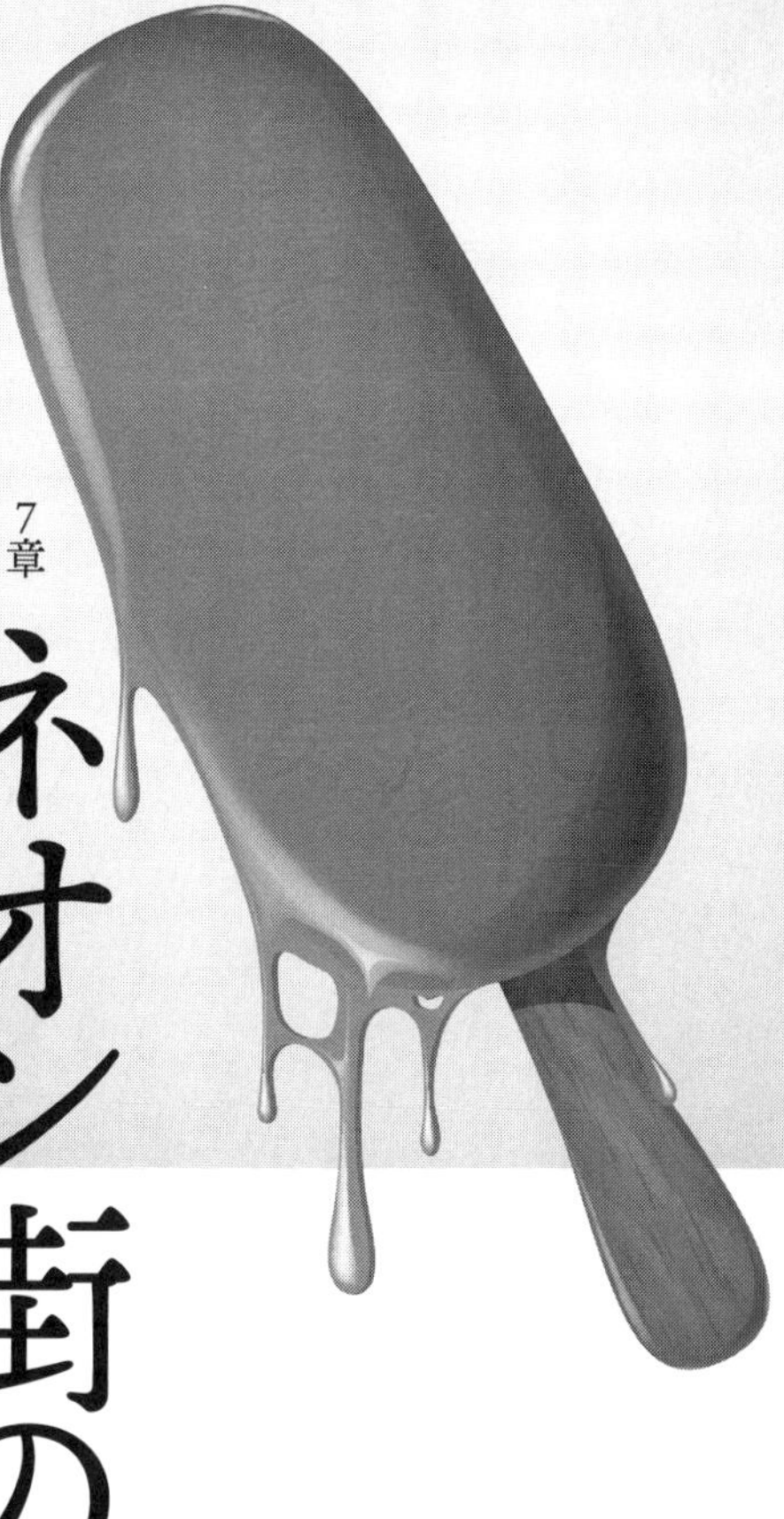

女性が夜の商売に入ってくるパターンは、大きく分けて3つある。一つは居心地の悪い家庭内からの脱出だ。中には実父や継父から性的虐待を受けているという深刻なケースもある。

もう一つは手に職を持たないバツイチの女性などがやむを得ず入ってくるパターンだ。保証人も要らず、住み込みの寮があるのも大きい。

さらにもう一つが「ホスト絡み」である。特定のホストに入れあげ、借金を抱えて身を持ち崩し、風俗店で働き始めるというパターンだ。

その背景にはホストと女性の間に恋愛関係があり、被害者意識が芽生えにくく、警察への相談件数も少ない。ホストのやり方も巧妙で、決して自分から「風俗で働け」とは言わない。

「そこまで相手のために頑張れるなんて、すごいと思う。でも、お前にはそこまでしてほしくない」

こんなことを言ってあえて止め、女性が特別な存在であることを強調し、自ら風俗店の門をたたいてくれるように仕向ける。

ホストの給料は完全歩合制が基本で、女性客から指名を受けると、その女性の利用料はすべてそのホストの売り上げになる。

「今月は売り上げがヤバイんだ。頼れるのはキミしかいない」

女性に自分が何をすべきかを理解させ、自分の協力者になってくれるように手なずける。こんな悪徳商売が野放しになっているのも、女性が自分の意思でホストに貢いでいるからだ。

ところが、これだけ尽くした相手にも、別れるときはクールである。

「そもそも彼女とは交際していません。ホストとしての自分を応援してもらっていただけです。店で飲食しておいて、飲食代を返せと言うのは違うと思います。言いたくないけど、自分だって他人に言えないことはいろいろしてるでしょう。お互い様じゃないですか」

風俗嬢も自分に好意を抱いていた常連客に対して、後ろめたい気持ちがある。店の利用料金とは別に、多額の現金をもらっていることもあるからだ。

「騙したわけじゃありません。向こうが勝手に思いを巡らせて、お金を渡してきたんです」

どこかホストの言い分と通じるものがある。

ネオン街で起きた事件は、最も対岸の火事に思えるが、実はその距離は近い。手を伸ばせば、誰でも届く場所にあるからだ。おそらくネオン街の事件もなくなることはないだろう。その構図は令和時代になっても変わらない。

元同僚の風俗嬢に5年間も売春強要していた極悪姉妹の運命

愛知発……『週刊実話』2011年3月3日号

宮内綾乃（37）と宮内香奈（35）は姉妹そろって風俗嬢だった。幼い頃に両親が離婚。母親が再婚した相手は土建会社社長だったが、その会社も姉妹が成人する頃に倒産。2人はその借金の一部も背負うことになった。

手に職もない2人が手っ取り早く大金を手にしようと思えば、風俗しかなかった。2人は同じ店に在籍し、「奇跡の姉妹風俗嬢」などと風俗誌に紹介された。

その店で同僚になったのが、のちに事件の被害者となる稲田真紀子（34）だった。真紀子の経歴は2人とは対照的で、ホストクラブでの豪遊から借金がかさみ、風俗に流れ着いたというものだった。2人は真紀子に誘われてホストクラブに行ったこともあったが、1本50万円もするブランデーをお気に入りのホストのために卸す真紀子の姿を見て、呆れ果てたこともあった。

その後、綾乃と香奈は自分たちでデリヘルを経営するため、店を離れた。もちろん2人だけでできる仕事ではなく、綾乃の先輩筋にあたるヤクザの男にバックになってもらった。

綾乃はママとして切り盛りしていたが、客側の「もっと若い子を」という要望に応えようと、未成年の少女をスカウトして雇っていた。そして、客付けを良くするために「本番」を勧めていた。

8年前、綾乃と経営者のヤクザの男は児童福祉法違反で検挙され、綾乃は懲役2年4月の実刑判決を受けた。それを引き継いだ妹の香奈は店を維持するために闇金から借金することになり、その負債額は500〜600万円に膨れ上がった。

もはやデリヘル経営さえ危うくなってきたとき、香奈は将来の夫となる男と知り合い、子供ができたことをきっかけに結婚した。夫には多額の借金があることを隠し、生活費として渡される金から自転車操業でやりくりしていた。

それから2年後、姉の綾乃が出所した。綾乃は香奈に背負わせてしまった借金を始末しようと、再びデリヘル経営に乗り出したが、そんな中で再会したのが真紀子だった。

真紀子は相変わらずホスト狂いで、「ツケで飲んだホストクラブでの代金が300万円ほどになっている」などと相談された。

その相手が綾乃の知り合いだったため、綾乃が真紀子の代わりに交渉。そのホストから「こっちも真紀子が逃げ回って困っている。キミが保証人になってくれるのであれば、利息も含めて120万円に減額してもいい」と持ちかけられ、綾乃は真紀子が自分の店で働くことを条件にこの話を引き受けた。

「ごめん。月10万円ぐらいなら返せるから…」

ところが、真紀子は最初のうちこそ真面目に働いていたが、自由にホストクラブで飲食できない生活を苦痛に感じ、逃亡してしまった。結局、真紀子が作った借金120万円は全額綾乃が被ることになった。

「あいつは許せん。きっちりケジメを取ってやる!」

綾乃は激怒し、知り合いのヤクザに頼んで真紀子の行方を探し、半年かかって地方のピンサロに勤めていることを突き止めた。

ヤクザは客のフリを装って接近し、真紀子を店外デートに誘い出し、上手く騙して綾乃のもとに連れ戻した。

「てめぇ、ナメとんのか。もうてめぇなんか何も信用できん。ヤクザに頼んで、海外の見世物小屋に売り飛ばしてやるからな！」

真紀子は泣いて懇願した。

「今度こそ真面目に働いて返すから許して…」

綾乃は交換条件として自分の監視の目が行き届くよう、自分のマンションでの同居を命令。真紀子が稼ぐ金はすべて自分が管理すると言い渡した。

「分かりました…」

それ以来、真紀子は1日1000円だけを渡され、朝から晩まで綾乃の管理下で売春するようになった。

綾乃は効率よく客付けさせるため、すでに主婦になっていた妹の香奈に協力を求め、売春相手を募る出会い系サイトへの書き込みを一任することにした。

〈マキです。さぽ〜してほしいです。生ＯＫでホ別苺でっ。Ｆは上手いって言われるぅ。生脱ぎ痴漢なんでも相談してくれればできるだけ希望どうりにします。本当に何でも言うこと聞きます。胸には自信あります。私はドＭだよぉ〉

真紀子は律儀にも客から売春代金を受け取ると、半分ずつ綾乃と香奈の口座に自分で振り込んでいた。

綾乃と香奈は真紀子のおかげで生活が潤い、とっくに借金を回収し終わったにもかかわらず、「まだ利息が残っている」と言って、売春を続けさせていた。

その後、綾乃も将来の伴侶となる男と知り合い、その男と同棲するために同じマンションの別の部屋に引っ越した。さらに真紀子の他にも同じように売春させる女を見つけ、お互いを監視させて管理売春を続けていた。

綾乃の同棲相手には不審がられたが、「デリヘルの女の子たちで、部屋を貸しているだけだ」と言ってごまかしていた。

実際には、マンションの賃貸料金を含めた生活費の供給源として、真紀子らの存在はもはや手放せないものとなっていたのだ。

真紀子は5年間で約3000回も売春させられ、その売上の約4000万円はすべて綾乃と香奈に吸い上げられていた。

真紀子は香奈が書き込む煽情的なメッセージのおかげで、本番以外にもSMや飲尿など、あらゆるプレイを強要させられていた。客から「そういう約束だっただろ！」と言われると、断る術もなかったのだ。

真紀子はピルを飲んでいたので妊娠の心配こそなかったが、「生本番」を売りにさせられていたので、何度も性病に感染した。

事件が発覚する1カ月前、真紀子は梅毒とクラミジアに感染した。すでに全身にバラ疹が現れる第2期に進行していたので、客を取ることもできず、「病院に行かせてほしい」と頼んだが、それでも2人は真紀子に売春をやめさせようとはしなかった。

「そんなもん、客にゴム付けさせりゃ済むことだろ。料金を1万円に減額してもいい。さっさと客取ってこい、バカ野郎！」

真紀子はこんな仕打ちに耐えかね、意を決して「このままでは体がボロボロになる。助けて下さい」と警察署に駆け込んだ。

真紀子は売春を始めさせられた5年前からノートをつけており、いつどこで誰といくらでどんなプレイをしたかまで克明に説明できた。これが管理売春の動かぬ証拠となった。

綾乃と香奈は売春防止法違反容疑で逮捕された。寝耳に水だった香奈の夫や綾乃の同棲相手は仰天した。真紀子は綾乃と香奈にそれぞれ2000万円ずつ渡していたが、なぜかその金はきれいに消え失せていた。

2人はその金の使途を聴かれると口ごもり、「以前に経営していたデリヘルを維持するために借りた闇金の借金返済に充てた」などと言い逃れした。

綾乃と香奈は裁判長に「あなたたちはなぜ売春が悪いと思うか？」という問いに答えられず、綾乃は「考えたこともありません」と述べ、香奈は押し黙るばかりだった。

裁判所は2人の長年にわたる風俗業界との親和性を指摘し、「反省の態度もなく、再犯の恐れがある」として、綾乃に懲役4年と罰金30万円、香奈に懲役2年6月と罰金30万円を言い渡した。

2人の運命は、そろって風俗入りしたときから決まっていたのだろうか。他人に売春させてその金を吸い取る旨味を知って、身の破滅にまで追い込まれたのだ。

北海道発……………『週刊実話』２００８年１月10・17日号

２人の子供を１カ月育児放棄した21歳ギャルママの夜遊び

　浜崎真理（21）は家庭的に恵まれなかった。３歳のとき、両親が離婚。父親が家を出て行き、仕事が多忙な母親にはほとんど構われず、施設に預けられたことで母親とも離別。中学に入ると非行に走り、高校にも進学しなかった。

　16歳で結婚して長男を出産すると、母性本能に目覚めたのか、熱心に絵本を読み聞かせたりして、育児に励むようになった。

　その２年後には次男を授かり、育児日記に〈パパとママの宝物だね〉と綴ったり、成長アルバムを作ったりしていた。

それから1年後、予想だにしない不幸が襲った。次男がうどんを喉に詰まらせて窒息死したのだ。真理は「子供を家で遊ばせていたとき、うたた寝してしまい、目を覚ましたときには次男が死んでいた」と説明した。警察は司法解剖したが、「事件性はない」と判断した。

だが、これをきっかけに夫婦仲は悪くなり、真理は三男を出産したものの、その直後に捨てられるような形で離婚した。

真理は長男と三男を連れて市営住宅に転居し、生活保護を受けることになった。子供たちを市立保育園に預け、飲食店などで働いたこともあったが、子供が熱を出せばいつでも休めるような昼の仕事はあまりなく、結局は長く続かなかった。

その後、真理は仕事が長く見つけられなかったことから、子供2人は退園処分になった。保育園のルールとはいえ、これが真理の肩に重くのしかかった。

真理はそうした不満や不安をSNSに書き込むようになり、そこで知り合った男性と遊びに出かけるようになった。スナックホステスとして夜の仕事を始めると、男性と知り合う機会が増え、いつしか「母」から「女」に変わってしまった。

昼夜逆転した生活を送るようになると、自分の就寝中に泣き叫ぶ子供たちが煩わしく感じるようになり、食事、入浴、おむつ交換など、最低限のことしかしなくなった。2

人の顔さえ見なくなり、子供たちをほったらかしにして、交際相手と遊びに行くようになった。

事件直前、真理は交際相手の男性と別れることになり、そのことでふさぎ込んでいたところ、長男が心配して「ママー、なしたの」とすり寄ってきたり、三男も真似してハイハイしながら足にすがりついて来たりしたため、「もうウザイ！　これ以上、子供たちの面倒は見たくない。殺してやりたい」と考えるようになった。

また新たな交際相手ができた真理は、その相手の元に転がり込みたいと考え、子供たちを捨てる決意を固めた。

「この子たちが死ねば、私は自由になって、楽しい生活を送れるんだわ」

真理は最後の晩餐のつもりで、冷蔵庫にあった残り物でチャーハンを作り、子供たちに食べさせた。そして、ボストンバッグに服を詰め、新たな交際相手と同棲するために家を出た。

すべてから解放された真理は、ほとんどの時間を寝て過ごし、〈泣きたいときに泣けと言ってくれる人がいて、とっても幸せ〉などとSNSのブログに綴っていた。周囲には「友人夫婦に部屋を貸し、子供たちを預かってもらっている」とウソをついていた。

一方、母親がいなくなった市営住宅では、地獄絵図が繰り広げられていた。4歳の長男は冷蔵庫内のケチャップやマヨネーズ、生米や生ゴミもあさって生き延びたが、1歳の三男は1週間ほどで餓死した。

真理はその間、食べ物を与えに行くかどうか迷ったこともあったが、粉ミルクを持って自宅まで行ったものの、中の様子を想像してドアを開けられず、その前にミルクの缶を置いて立ち去った。この頃、真理はこんな電話を市役所にかけたこともある。

「夜の仕事なので、子供たちの面倒が見れないんです。子供たちを預かってもらえませんか？」

このときの切迫した事情を市役所の担当者が察知して、家庭訪問でもしていれば、悲惨なネグレクトは食い止められたかもしれない。だが、市役所は杜撰な聞き取り調査しかせず、真理が「彼氏と一緒に暮らしている」と言ったので、「同居している内縁関係の男性がいるならば、児童扶養手当の該当基準から外れる」と説明し、翌月から児童扶養手当を打ち切った。

これで真理は市役所への不信感を募らせ、これ以後、連絡を取ることはなくなった。

子供たちだけが残された市営住宅の部屋は荒れ放題で、近所からは悪臭の苦情が市役所に寄せられるようになった。

悪臭の源となっている部屋は、近所の人が何度チャイムを鳴らしても応答がない。ベランダに干されていた布団は雨ざらしになり、隣の部屋にはウジ虫が這ってくるほどの深刻な状態になった。

住民から苦情を受けた市役所の担当者が真理の携帯電話に連絡し、「部屋を使用していないようですが、入居を続ける意思はあるのですか?」と聞くと、真理は「ありません。退去します」と答えた。

その期限の日、真理は約1カ月ぶりに自宅に戻った。思い切ってドアを開けたところ、ガリガリにやせ細った長男が飛び付いてきた。

「ママ、遅いよ…」

真理は仰天した。

(何で生きてるの…?)

三男は台所で仰向けに死んでいた。真理は三男の遺体をタオルとゴミ袋で包み、段ボールに詰めると、「残っている荷物があるから、取りに来て」と交際相手に連絡した。交際相手が生ゴミのような臭いにいぶかしがると、「部屋の中に生ゴミが散乱していて、その臭いが移った」と言ってごまかした。

こうして交際相手は何も知らず、自宅の物置に三男の遺体を置くことになった。

だが、ガリガリの長男を連れた真理と男性の関係は次第に冷えていき、その男性との間の子供を妊娠中だったにもかかわらず、それから1カ月後に別れることになった。

真理は長男を連れて母親のいる実家に戻ったが、三男の所在を尋ねられ、「友達のところに預けてある」と言ってごまかした。

母親にも不審がられ、真理は実家に居づらくなって、長男を連れて家を出た。再び市役所児童家庭課を訪ね、「子供を預かってほしい」と相談したところ、担当者がガリガリにやせ細った長男の姿を見て驚き、児童相談所に通告した。

長男はその日のうちに緊急保護されたが、児童相談所が三男の所在について尋ねたところ、「知り合いのところに預けてある。詳しくは言えない」などと曖昧な説明に終始したため、警察に通報。警察の捜査が始まり、警察が元交際相手の自宅を任意で家宅捜索したところ、物置の段ボールの中から腐敗した幼児の遺体が見つかった。

このことを追及されると、真理はすべての経緯を自供した。

「最低のことをしたと思います。どんな罰でも受けます。今まで出会った人たちにごめんなさいとありがとうと言いたい」

真理は獄中で4人目の子供を出産した。だが、母親には引き取りを拒否された。長男は児童養護施設に預けられることになった。

あまりにも未熟なギャルママでありながら、周囲から適切な支援も受けられず、孤立していった様子が透けて見える。事件は社会全体にも重い課題を突き付けた。

裁判所は「食事などの面倒を見ずに子供たちを放置したのは未必の故意にあたり、殺人罪が成立する。男性との交際の邪魔になると育児放棄し、自分の楽しみを優先するなど、犯行は自分本位で場当たり的。事件に至る動機は身勝手で悪質だ」と断罪し、真理に懲役15年を言い渡した。

大阪発……………『週刊実話』2013年8月1日号

小学校の集団下校に発展したホストとデリヘル嬢の痴話ゲンカ

鈴木早苗（25）は18歳でキャバクラ嬢となり、風俗へと流れてきた転落系の女である。過去に2度結婚した相手はいずれもホスト上がりの男で、結局は離婚したが、性懲りもなく現在も付き合っている男はホストの高宮慎一（27）だった。

早苗には自分と同郷で、同じパターンで風俗に流れてきた友人の山田小百合（25）がいた。2人は同じ店で働き、同じようにホストに溺れ、片方が生活できなくなると、片方に生活の面倒を見てもらうという繰り返しで糊口をしのいでいた。

そして事件の1カ月前には、小百合がホストに貢ぎすぎてピンチになり、「しばらく住まわせて」と早苗のマンションに転がり込んできた。それはいつもの暗黙のルールだった。

そこへ早苗の交際相手である高宮が出入りするようになり、小百合を見てハッとした。なぜなら、かつて〝枕営業〟で寝たこともある相手だったからだ。結果的に小百合は高宮ではなく、別のホストの森本貴文（30）にのめり込み、「将来は一緒に居酒屋をやろう」と言われ、デリヘルで稼いだ金をほとんど貢いでいた。

だが、小百合は高宮が嫌いになったわけではなかった。ひょんなことから再会できたことで、高宮とも焼けぼっくいに火がつき、それが早苗をイライラさせていた。早苗が2人の関係を疑っている中、さらに高宮がこんな提案をしてきた。

「なァ、オレもここに一緒に住みたいんだけど、いいかな？」

「今は居候の小百合がいるから、ダメに決まってるでしょ！」

「私は構わないけど…。いずれ私も彼氏と一緒に住むって約束してるし、そうなったらすぐ出て行くから」

小百合に後押しされ、3人は狭いワンルームマンションに一緒に住むようになった。

高宮は早苗に隠れて小百合ともセックスするようになった。高宮には「小百合が再び、自分の客筋になればいい」というホストとしての魂胆もあった。

そんな中、小百合の本命の彼氏である森本が小百合の金を抱えたまま、一切連絡が取れなくなるという〝事件〟があった。小百合はパニック状態になり、「私は騙されたんだ」「殺してやる」と言って取り乱した。

「まだそうだと決まったわけじゃない。オレのルートでも探してやるから」

高宮はここぞとばかりに活躍し、小百合に恩を売ろうとした。早苗はなぜ高宮がそこまで骨を折ってやるのか理解できず、嫉妬の感情を募らせた。

「何で小百合の彼氏を探すために、私たちの時間を取られなきゃならないのよ」

「1週間も携帯が通じないなんて、異常じゃないか。このままだと、あの子が自殺するといけないだろ」

早苗も小百合に付き合って、しぶしぶ夜の繁華街に出かけた。知人のホスト店長に「見つかったら連絡して欲しい」と頼んで回ったところ、事件当日の朝、知人のホスト店長から「森本が見つかった。知人のバーに女性と一緒にきている」という連絡が入った。

「私、行くわ。それが浮気相手に違いないから」

それを聞いて、高宮がたしなめた。

「オレも付いていこう。何かあったらマズイからな」

小百合の言葉を聞いて、早苗はまたも嫉妬した。

「何でアンタがついて行かなくちゃならないのよ。小百合の問題なんだから、もうほっときなさいよ」

「そういうわけにいかんだろ。修羅場になるかもしれないし、暴走しないように止める役が必要なんだ」

高宮は小百合と一緒に出て行った。ところが、しばらくして高宮が1人で帰ってきて、早苗の布団に潜り込んできた。

「一体どうしたのよ。小百合は彼氏に会えたの？」

「あの2人、ホテルへ行ったんだよ。オレは邪魔だと言うんで、戻って来たんだ」

2人は激しく愛し合い、コトが済んでから、寝物語に話した。

「それで結局、どういうことだったのよ？」

「何かね…、ウソ臭い話ばかりでさ。彼氏が言うには今まで入院していたんだって。何でも深刻な持病があるってことで、小百合ちゃんに隠してて、彼女と結婚するためにはそれを治すしかないってんで、預かり金をその治療代に充てていたってことを言い出せなくて悩んでいたんだと」

「はぁ？　そんな話で小百合は納得したの？」

「彼氏に会った途端、コロッと態度が変わってね。一緒に飲んでいたのも彼氏のお姉さんで、浮気じゃないって分かった途端、デレデレして『彼氏とこのままホテルへ行くから』って、オレは追い返されたんだよ」

その話を聞いた途端、早苗は振り回された一週間のことが頭に浮かび、小百合に一言詫びさせなければ気が済まない心境になった。小百合に電話をかけ、「世話になったお礼も言わないのか！」と一喝した。

小百合はその電話の意図が分からず、途中で森本に代わった。早苗は森本にも食ってかかり、「自分の女ぐらい、ちゃんと管理しておけ！」と怒鳴りつけた。

「何でそんなことを言われなくちゃならないんだ。他人の恋愛に口を出すな！」

「何ィ、女だと思ってナメてんじゃないよ。ちょっとこっちへ来いよ！」

「おう、行ってやろうじゃねえか！」

小百合は森本を連れてマンションに戻ってきたが、「私の誤解だったみたい。もういいのよ」と繰り返す小百合に対し、「もういいじゃねえだろ。私の彼氏を何だと思ってるんだ！」と早苗は激怒。壮絶なキャットファイトを繰り広げた。そのつかみ合いの中で、思わず小百合は高宮とも関係を持っていたことを口走ってしまった。

「何だって？　もう一度言ってごらん」

「だから、私も昔はアンタの彼氏の客だったのよ。だから、親切にしてくれたんじゃない」

「そんな話…、私は聞いてないわ！」

早苗は高宮にもつかみかかろうとしたが、「結局、お前1人が誤解してたんじゃねえか」という森本の呟きを聞いて、何かが切れた。早苗は「元はと言えば、アンタが悪いんだ！」と言いながら台所から包丁を持ち出し、いきなり森本の腰あたりを突き刺した。

「うぐぐ…」

森本は早苗を振り切り、エレベーターに乗って脱出した。白昼の路上で腰から血を流しながら歩いているところを通行人が発見し、「どうしたんですか？」と尋ねたところ、「いきなり後ろから刺された」と答えたため、110番通報。警察は通り魔事件とみて、現場周辺を封鎖するなどの厳戒態勢を敷いた。近くの小学校は授業を中止し、集団下校を余儀なくされた。

だが、被害者の話などから早苗が浮上。警察が事情聴取したところ、「私が刺した」と認めたため、殺人未遂容疑で逮捕した。

「被害者を刺したのはたまたまのこと。一番腹が立っていたのは友人の小百合。次が彼氏。一番どうでもいいのが被害者だった。私たちをさんざん振り回したのに謝らないことにも腹が立っていたし、私の彼氏とも関係を持っていたことを知ってショックを受けた」

検察側は「殺意の立証は難しい」として傷害罪で起訴した。だが、早苗は高宮と別れることになり、小百合とも絶交。森本からは慰謝料を請求されている。結局、騒動で一番貧乏くじを引いたのは早苗だったのかもしれない。

愛知発……………『週刊実話』2007年12月6日号掲載

ホストに貢ぐためにコンピュータ端末を不正操作した信用金庫女子職員

羽田由香理（27）は短大卒業後、地元の信用金庫に就職した。由香理の姉も同じ信用金庫に勤めていたので、周囲には信用があった。由香理が事件現場となる支店の出納担当として異動したのは2年前のことである。

由香理はもともと実家で両親と暮らしていたが、その支店に異動してから半年後に学生時代から付き合っていた彼氏と同棲するようになった。そのことは両親には内緒にしていて、「女の子と一緒に住んでいる。職場も近いし、仕事を頑張っている」などと説明していた。

だが、彼氏のために借金を肩代わりし、消費者金融から100万円を借りたのが転落のきっかけになった。当時はグレーゾーン金利が認められていたため、借金はなかなか減らなかった。その返済のために、就業規則を破るような形で、「夜のアルバイト」を始めた。

由香理はその店の同僚に連れられて、初めてホストクラブに行った。1人3000円の〝お試しコース〟を体験し、イケメンのホストたちに2時間ほどチヤホヤされ、夢見心地となった。

あるホストが気に入った由香理は、ほぼ1日ごとに1人で通い詰めるようになった。「会いに行かなきゃ」「今日も行かなきゃ」と思っているうちに、借金は瞬く間に膨れ上がり、500万円もの借金を背負う身になってしまった。

それでもホストクラブの主要客である風俗嬢たちには足元にも及ばなかった。何本ものシャンパンを大量に注文している客もいて、ホストたちは金を使ってくれる客の方に集まっていく。だが、無力感を口にする由香理に対し、お気に入りのホストは「君は僕にとって何でも相談できる必要な存在。店に来てくれるだけでいい」と優しくフォローしてくれた。これで「ホストは女から金をむしり取る」というイメージはなくなった。やがて「お金を持っていない自分は恥ずかしい」「もっとお金を使って楽しみたい」と考えるようになり、業務でATMに金を補充する担当になったことをきっかけに、ついに信用金庫の金に手を付けた。

その手口は単純なもので、ATMに現金を補充する際に金庫から出した金の一部を抜き取り、残りをATMに補充するというものだ。

由香理の信用金庫では、補充が適正かどうか確認するため、金庫からの出金額を記録した「回金票」とATMへの入金額が記録されたレシートを上司に提出することになっていたが、由香理は自分の信用を逆手に取り、レシートを捨てて、回金票だけを提出していた。それでも何も言われなかった。

本来は入金時にも幹部が立ち会うことになっていたが、これも由香理は信用を逆手に取り、鍵を預かって1人で行っていた。2台のATM間で現金を移し替えるなどして隠ぺい工作し、現金不足が発覚すると、「機械のミス」と言ってごまかしていた。

こうして無尽蔵に金を引き出せる打ち出の小づちのような〝軍資金〟を得た由香理は、すさまじい勢いで遊ぶようになった。1本120万円もの高級ブランデーを何本も並べ、

800万円の札束を置き、「これで遊ばせて」と言って、一晩で使い切ったこともあった。

ホストたちが大喜びすると、「もっと喜ばせたい」と思い、ますます金銭感覚が狂っていった。ホストクラブでの売上高を競うホームページに注目し、お気に入りのホストに対し、「あなたをナンバーワンにしてあげる」と金を注ぎ込んだ。

「○○さんは由香理さんが来ているときだけ表情が違う。○○さんのために、そこまでできるなんてスゴイ！」

ヘルプに付いた後輩のホストの〝裏付け〟で、由香理の充実感はどんどん増していき、「彼の人気ランキングを落とすわけにいかない」と横領もやめられなくなった。

お気に入りのホストが都会の店に移ると、週1回は新幹線で通った。地元の店では別のホストにも目をかけ、「あなたもナンバーワンにしてあげる」と金を注いだ。

やがて由香理はホストに対する恋愛感情よりも、「半人前のホストを一人前のホストに育てることが楽しい」と思うようになった。ホストクラブ通いの女性たちの間では、お気に入りのホストのことを「口座」という隠語で呼ぶが、由香理は自分の「口座」が他の女性客を接待していても、全くジェラシーを感じなくなった。

自分のことは二の次でよく、「口座」が勤務中のときは迷惑をかけないように電話もしない。誰かに尽くす幸福感を一度味わってしまうと、その感覚は消えることがなく、その相手がいなくなれば、また別の相手で穴を埋めるようになるのだ。

　こうして由香理は、わずか9カ月間で1億2000万円を使い切った。

　事件が発覚したのは、来たるべきときが来たという感じだった。決算期にATMや金庫などの現金を一斉に勘定して、由香理の着服が判明。それでも由香理はホストクラブで使ったことを内緒にしていた。

　勤務先の信用金庫は保証人になっていた両親を呼び出し、事情を説明した。両親は絶句し、由香理を問い詰めたが、由香理は「飲食店で夜のアルバイトをしていることを信用金庫にバラすと脅され、ある人に金を渡していた」としか話さなかった。

　由香理の犯罪は警察に告発され、懲戒解雇された。姉も退職を余儀なくされ、理事長らも退陣する騒ぎに発展した。

　警察は3度にわたって計1200万円を着服し、ホストの口座に金を振り込んでいたという業務上横領容疑で由香理を逮捕した。

　それから2カ月後、地元紙のスッパ抜きで周囲の関係者は事件の真相を知った。

〈ホストに貢ぎ転落した元信金女子職員〉

　家族は起訴分の1200万円は被害弁償していたが、実際の被害金額が億単位と知って仰天した。拘置所で面会した由香理は、何を聞いても「ごめんなさい…」と言うばかりだった。

由香理は法廷で、検察官に「あなたの給料の何年分に該当すると思っているのか?」と問われ、困ったような表情で、「分かりません。働いて返せる額じゃないかもしれないですけど、社会復帰したら頑張って返していきたいです」などと述べた。

裁判長も首をひねりながら尋ねた。

「そこまでしてのめり込んだホストクラブの魅力とは何だったの?」

「お金を使うことで、喜んでくれることに喜びを感じていた。立ち止まってやめることは考えていたけれど、やめられなかった」

「ホストも結局は商売。金を払わなければ相手にされないのでは?」

「横領はいずれバレると思っていました。悪いことだとは思っていたけれど、途中から感覚が麻痺していました」

「あなたは交際相手もいたのに、ホストに何を求めてたの?」

「今考えるとよく分からないんですけど、当時はそこへ行けばすべてが忘れられる感覚でした」

裁判所は「ホストの関心を買い、自己の満足を得るための身勝手な犯行。勤務先の金融機関の社会的信用を著しく害した」と断罪し、由香理に懲役3年執行猶予5年の有罪判決を言い渡した。

裁判長は由香理に説諭した。

「あなたを取り巻く環境を考えれば、刑に服した方が気持ちは楽だったかもしれない。実刑に値する事件だが、家族が監督を誓い、一部を被害弁済していることを考慮しました。周囲にとんでもない迷惑をかけたわけですから、1日も早く普通の生活を取り戻して、周囲の人たちに借りを返す生活を始めて下さい」

事件後、由香理が貢いでいたホストは姿を消した。だが、店は何事もなかったかのように営業している。

1人で大金を使う若い客を店側は不審に思わなかったのか。店は取材を拒否。「業界では客の詮索をしないのがルール」と言い、警察も店を共犯には問えないと判断した。

「店外デートOK」と騙す昏睡強盗ラウンジの桃色営業トーク

大阪発……………『週刊実話』2012年3月8日号掲載

昏睡強盗ラウンジのママである李淑英（41）は15年ほど前に来日し、韓国人クラブのホステスをしていた。そこで知り合った50代の日本人商社マンと結婚したが、夫は定年を待たずにリストラに遭い、途端に生活が苦しくなった。電気もガスも止められ、月収は3万円という有様。

「このままじゃ生活できない。私が働くわ。水商売が出来るのも、最後のチャンスかもしれないから」

夫は妻が水商売に戻ることは反対したものの、背に腹は代えられず、淑英は1人でネオン街にマンションを借りて住むことになった。

だが、不況の影響で、淑英がホステスをしていた時代より、状況はさらにひどくなっていた。1カ月で20〜30軒の店が閉店に追い込まれるのはザラ。客の財布の紐は固く、容易な誘い文句では客は引っかかってこない。

淑英は〝稼げる店〟を探して転々とした末、昏睡強盗を手段としている店に行き着いた。最初からまともに営業する気はない。引っかけた客に水増し料金を請求するのは序の口。ジンと焼酎を割ったウォッカをガンガン飲ませたり、酒に睡眠薬を仕込んで、酩酊状態になったところで客の財布から現金を抜き取るのだ。

その店でホステスとして働いた後、淑英は系列店で雇われママになった。系列店といっても、深夜に閉店後のスナックを借りるというやり方で、毎週のように場所を変えるゲリラのような店だった。淑英はそこでノウハウを学び、2年後に自分の店を持った。

店の売上金はキャッチとホステスと店で3分割。それだけキャッチとホステスの仕事に重点が置かれていた。ホロ酔い気分で繁華街をうろつき、「どこかに穴場スポットでもないか」と探しているような男がターゲットだった。

「ねえ、社長さん。仕上げに面白いところへ行かない。3000円ポッキリでウフフ…、ここじゃ言えないサービスがあるの」

こう言われて、「ウソだろ?」「オレを騙したら承知しないぞ」と言いつつ、足を止める客が餌食となるのだ。

「大丈夫、社長さん。絶対に迷惑をかけないから。私だってこの街で20年も商売しているのよ。変なことをしたらこの街にいられなくなる。ねえ、信じてよ…」


キャッチが店に連れてきたら、淑英の出番である。適当に酒を飲まし、金がありそうな客だと思えば、こんな話を持ち掛けるのだ。

「実はうちの女の子たちはみんなオールナイトOKなんですよ。アフターまで付き合ってくれたら、どの子でも持ち帰っていいから。最近は規制が厳しくて、キャッチ段階では話せない。おデコも見回っているからね。でも、お客さんなら信用できる。あの子たちも生活費が欲しいから困っている。助けると思って…、ねっ」

これで下半身をムクムクと膨らまし、「それなら金を下ろしてくる」と言うような客がカモなのだ。

その気にさせるため、ホステスたちは口移しで酒を飲ませたり、胸を触らせたり、ズボンの上から下半身をまさぐるなどして挑発する。客には「転ぶと危ないから」と言って、ホステスにATMコーナーまで案内させ、寄り添うフリをして客の暗証番号を覗き見る。これがホステスの重要な任務だ。

店に戻ってくると、暗証番号が分かったかどうかをサインで知らせ、覗けた客には睡眠薬入りのウニやカニ味噌をサービスで出す。もちろん、酒の中にも睡眠薬が入っている。あとは客を眠らせるだけだ。

「閉店までゆっくり飲んでいってね。もうお金は取らないから」

まるで竜宮城にでも来たかのような気分で舌鼓を打つ客を見ながら、あらかじめビジネスホテルの部屋を予約。これは親切心などではなく、寝込んだ客を路上に放り出すと、別の犯罪や事故に巻き込まれる恐れがあるので、自分たちの犯行が発覚しないように警察の介入を防止するという意味合いがあった。

すっかり寝入ってしまった客をビジネスホテルまで運び、その間にキャッシュカードから金を引き出す。客が目覚めても何も覚えていないことが多く、後からキャッシュカードの残高が減っていることに気付いても、とっくに店は移転済みというわけだ。

しかし、その手口に引っかかりながら、店の場所を突き止め、猛然と抗議した客がいた。

「お前らだろう。200万円も抜き取りやがって。返すまで絶対にここを動かないぞ！」

淑英らは「知らない」で押し通そうとしたが、相手はひるまない。地回りを呼んで追い返してもらおうとしたが、客の方が一枚上手だった。

「ここへ行くことは警察にも話している。お前らがヤクザなら、すぐ通報する。この際、お前らが取ったかどうかなんか関係ねぇ。お前らの店でなくなったんだから、責任を取れ。証拠もクソもない。お前らが賠償しろ！」

さんざんモメた揚げ句に通報され、警察が介入した。それを機に30件以上の余罪が発覚し、淑英らは昏睡強盗容疑などで逮捕された。

夫は妻の裏の顔を知って愕然。離婚を言い渡した。淑英は「生活が苦しく、かつて働いていた店で覚えた昏睡強盗に手を染めた。もう水商売はしません」と泣いて謝ったが、恐ろしいのは他にも同じようなことをしている店が複数あって、「自分たちはコピーだ」と主張していることだ。

この手の事件はなくならない。そもそもキャッチに引っかかっておいて、モテようと考える方が愚かというものだ。最初から引っかからないに越したことはないのである。

京都発……『週刊実話』2014年2月27日号掲載

レイプ被害者から殺人犯まで転落したデリヘル嬢の悲惨すぎる男運

西村美緒（25）は高校時代にネットで知り合った男とその仲間たちに集団レイプされるという被害に遭っていた。その直後、妊娠が判明。美緒は両親にも打ち明けられないまま、こっそりと堕胎手術した。

そのことがトラウマとなり、リストカットを繰り返していたとき、女友達に誘われ、風俗の世界に入った。不思議なことにデリヘル嬢の仕事をしているときだけ、レイプの苦痛を忘れることができた。その店で知り合ったのがボーイの小林憲介（38）だった。

「オレさ、自分で店を立ち上げることにしたんだ。今よりも給料を出すから、手伝ってくれないか」

美緒は小林と交際するようになり、3年前から同棲を始めた。だが、小林は経営能力がゼロの男で、新しい女も客も集められず、稼いだ金はほとんどが経費に消え、店は赤字続きだった。

そのため、美緒には給料を払わないようになり、文句を言えば殴る蹴るの暴行を働き、「店がピンチなんだから、協力してくれ」と言って、インターネットのアダルト動画にも出演させた。その上、そのことをネタにして、「逃げたら、動画や写真をバラまくぞ！」と脅し、美緒はカゴの中の鳥のような生活をしていた。

そんなときにデリヘルの客として知り合ったのが、のちに夫となる西村貫太郎（55）だった。美緒を一目見て気に入り、何度も指名して入るようになり、店外デートなどにも誘われた。

「僕は大学教授で弁護士。フェイスブックを見てごらん。今までの略歴を載せているから」

そこには東大大学院を修了し、大学教授、大学院教授、総長職務代行を歴任したという華麗なプロフィールが記されていた。美緒は「僕の秘書にならないか」「僕に永久就職しないか」などと口説かれ、意を決して自分が小林に支配されていることなどを話した。

「先生のことは好きです。でも、私には逃げられない男がいるの。その男との関係を何とかするまで待ってくれませんか？」

　そんな矢先、美緒の実家に「地検検事正」を名乗る人物から「娘さんが売春している」と告発する怪文書が届いた。

〈当職は売春組織を内偵中の者です。源氏名リンこと西村美緒さんが昨夏以降、○○店で売春行為を繰り返し、多い時で1日15万円以上を稼ぎ、それが暴力団の資金源になっていることを確認しました。このままですと、今月中には逮捕されることになります。店の摘発にご協力下さい。娘さんのことは尾行しており、いずれ会うことになるので、当職には連絡不要です〉

　美緒は両親から連絡を受け、「これはどういうことなんだ！」と問い詰められた。美緒は「知らない」と言ってトボけたが、父親は地検に問い合わせて、差出人が架空の人物であることが分かった。

「一体、誰がこんな手の込んだイタズラを…。お前、こんなことをされるなんて、誰かに恨まれてるんじゃないのか？」

「そんなことないわ…」

「○○店のＨＰにはお前の写真が載ってたぞ。あれはどういうことなんだ？」

「……」

そのことを小林に伝えると、「わははは…。これで両親にも仕事を隠す必要がなくなったじゃねえか。これからもたっぷり稼いでくれ」と笑われた。美緒はメラメラと怒りの炎を燃やした。

「この男…、私を支配するために家族とのつながりまで断とうとしてるんだわ。許せない…」

その後、美緒は着の身着のままで小林のマンションから逃げ出した。両親に助けを求め、匿ってもらっていたが、小林は実家にも殴り込みにやってきた。

「お前か、ふざけたオヤジは。美緒を出せ！」

「そんな言い方があるか！」

両親は警察に通報した。それでも小林はひるまず、「美緒と2人だけで話したい」と要求した。父親は仕方なく、「別れ話は当人同士でするべきではないか」と美緒を説得し、警察官に立ち会ってもらい、車の中で2人だけの話し合いをさせることにした。

「お前、オレをナメているのか。ヤクザを呼んで、お前の両親を殺すぞ！」

「それだけはやめて！」

「それなら週1回、休みの日には付き合え！」

2人の話し合いは終わった。両親はそれで終結したと思っていた。美緒は父親が見つけてきたボーリング場と居酒屋のアルバイトを始め、小林は店を畳んで他の風俗店の従業員になった。しかし、小林は1年近くも美緒を呼び出し、凌辱の限りを尽くしていた。

「お前、オレから逃げられると思ってるのか。お前はオレから逃げられないんだよ！」

一方、美緒は西村からもプロポーズを受けていた。婚姻届にサインし、スタジオで写真を撮り、一緒に住むための新居探しをしている段階になっても、小林との関係が切れず、「本当にキミは僕と一緒になる気があるのか？」と詰め寄られ、美緒は土下座して小林に別れ話を切り出した。

「お願い、もう別れて…。私を自由にさせて…」

「それならお前の両親を殺しに行くぞ！」

案の定、断られてボコボコにされ、美緒は「もう自分の力では解決できない。あの男がいる限り、私は幸せになれない…」と西村に泣きついた。

「分かった。そんな男、生きている値打ちもない。僕に任せるんだ」

2人は小林の殺害を計画。殺害翌日に入籍することを約束し、美緒の両親にも結婚の挨拶に訪れた。

「花嫁衣装は死装束だ。過去を脱ぎ捨て、新しい自分に生まれ変わるんだ。当日は靴まで捨てるから、そのつもりでね」

事件当日、2人はターミナル駅で合流し、レンタカーを借りて、小林の家に向かった。美緒が小林を呼び出し、あとから西村が訪問する作戦だ。

「すみません。工事の者ですが、車をどかしてもらえませんか？」

しばらくして西村が工事関係者を装って部屋を訪ねてきた。小林は応対に出たが、いきなり包丁で心臓を刺され、あっけなく絶命した。

「この部屋にある自分の痕跡を全部消すんや！」

美緒は寝巻や歯ブラシなどの私物を回収し、パソコン内の動画やデリヘル時代の写真も消去した。その足で両親のところへ行き、婚姻届の証人欄に押印してもらった。その夜、2人はホテルに投宿して、明け方までセックスした。

「ああ…、これであの男から逃れられたのね！」

「僕のことを一生愛するって誓ってよ。仲間や家族にも『私は幸せ』って吹聴してよ。これ、すごく大事なことよ。僕たちは運命共同体なんだからね」

翌日、小林の遺体は「息子と連絡が取れなくなっている」という母親からの電話で、カギを開けた管理人によって発見された。

警察の捜査が始まり、交遊関係からすぐ美緒の存在が浮上した。美緒と西村はマンションの防犯カメラや遺留物のＤＮＡ鑑定などから犯行を特定され、殺人容疑で逮捕されたが、鉄の結束で犯行を否認した。

ところが、警察の捜査で西村の詐欺師のような素性も明らかになった。弁護士の登録もなく、大学教授でもない。就職支援情報会社の契約社員だったことが判明。また、小林に送られたと思い込んでいた「地検検事正」を名乗る手紙も西村のパソコンから見つかり、西村の携帯電話を解析した結果、同様の手口で複数のデリヘル嬢を口説いていたことも発覚した。美緒はそれを知って号泣した。

「私が夫に殺して欲しいと頼みました。長年、あの男に支配され、あの男がいなくならなければ、私に未来はないと思った。今度こそ幸せになれると思って、夫の犯行計画に賛同しました」

どこまで男運が悪いのだろうか。美緒は裁判員に同情されたが、懲役11年を言い渡された。一方、西村は「計画を立案し、主導的立場にあった。責任は妻よりも重い」と断罪され、懲役15年を言い渡された。それでも2人は離婚しないという。

遊び人の彼氏を殺すまでの経緯をブログに綴っていたデリヘル嬢

愛知発……………『週刊実話』2012年9月20日号掲載

「友人が彼氏を殺したと言っている。様子を見に行って欲しい」

こんな110番通報で警察官が駆けつけたところ、マンションのドアから乳房を丸出しにした女がヌッと顔を出した。

「通報がありましたので、部屋を確認させて下さい」

「誰が通報したんですか?」

女はデリヘル嬢の相原美樹(26)。チェーン越しに対応し、決して開けようとしない。

「何かトラブルがあったのでは?」

「何もありません。ただの痴話げんかです」

「彼氏は？」

「寝てます」

「じゃあ、それを確認したら帰るから」

警察官と押し問答を繰り返し、断固として帰ろうとしない警察官の前でついに泣きだし、「彼氏の首を絞めた。生きているか死んでいるか分からない…」と自白したのだ。

警察官が中に入ると、被害者の渡辺誠（28）がパンツ一丁でベッドに横たわっていた。美樹は死体に取りすがり、「私と誠を引き離さないで！」と言って泣き叫んだ。

美樹はその場で拘束されたが、あまりにも錯乱状態だったため、覚醒剤の使用を疑われ、尿検査された。陰性だった。

調べに対し、美樹は殺害を認め、「頼まれて殺した」と主張した。美樹の話では「もう十分生きた。一緒に死のう」と心中を持ちかけられ、お互いに睡眠薬を飲んで自殺を図ろうとしたが、被害者に「死にきれないから、殺して欲しい」と頼まれ、タオルで首を絞めたというのである。

ところが、検死結果から次々と不審な点が浮かび上がった。まず、被害者の利き腕である右手首には刃物で切ったような十数本の傷があり、そのいずれも生活反応がなかった。つまり、死後に傷つけられたということだ。

また、体内からは大量の睡眠薬の成分が検出されたが、室内のコップなどからは被害者の唾液が一切検出されなかった。

要するに被害者は寝ている間に絞殺され、手首の傷などは死亡後に付けられた偽装工作である可能性が高くなったのだ。

「あなたが一方的に殺したのではないか。もっと詳しく状況を説明して下さい」

「私も薬を飲んでいたので、途中からのことは何も覚えていない…」

美樹は自分の主張を撤回せず、「頼まれて殺した」と言い張った。


そもそも2人が知り合ったのは9カ月前。渡辺が働いていたカラオケボックスに美樹が同僚らと一緒に訪れたのがきっかけだった。ロン毛で、一見ホスト風の渡辺に美樹が一目ボレ。同僚らに協力してもらい、連絡先を交換した2人はすぐに肉体関係を持った。

「結婚しよう。荷物を持ってオレの家においでよ。オレは絶対に飽きたりなんかしない。美樹がいるだけで毎日幸せだから」

ベッドの中でプロポーズされ、美樹は知り合って1週間後には渡辺と同棲を始めた。

美樹はブログで〈イケメンで、カッコよくて、優しくて…、もうこんな人見つからない。

神様、私は幸せになってもいいんだよね〉などと書き込んでいた。

ところが、2~3カ月後には渡辺に別の女の影があることに気付かされた。渡辺の携帯電話をこっそり見てしまい、知らない女とメールの交換をしているのを発見したのである。

「この女、誰なのよ!」

「ミクシィで知り合った子だよ。単なるメル友で、会ったこともない。オレはお前だけだから」

実は渡辺は筋金入りの遊び人。渡辺は美樹からの追及をかわすため、軽度の精神疾患を装い、「自分は夢遊病のような症状がある」「たまに記憶がなくなることがある」「医者には多重人格と診断された」などとウソをつき、出かけると携帯の電源を切り、別の女と遊んでいた。

美樹は不安や嫉妬に駆られ、渡辺との交際の愚痴や日頃の鬱憤を毎日ブログに書き込んでいた。

〈今日は仕事を休ませた。一日中でも見張りたい。一度、疑い始めたら止まらない。そばにいても携帯をいじるだけで不安になる。誠を信じたいのに…。何で分かってくれないの?〉

〈誠の職場に手作りチョコを持ってきた不細工がいたらしい。誠に好意を持つんじゃねぇよ。誠の周りにいる女は全員うぜぇ。笑顔なんか見せるな。独占欲がハンパなく強くなっていく〉

〈誠を誰にも取られたくない。2度と裏切られたくない。もうウソをつかれたくない。私が幸せになるという願いぐらい、どうして叶えてくれないの?〉

事件直前、渡辺の浮気相手の存在がはっきりと明らかになり、その女をメールや電話で叩き潰した経緯もブログに書いていた。

〈誠に付きまとっていた不細工は追い払いました。もう2度と近付かないと約束させました。おかげで誠ともっと仲良くなれました〉

だが、渡辺はその女とも連絡を取り続け、〈美樹とは別れる。もう疲れた〉というメールを送っていたことも、その後の警察の捜査で明らかになった。

事件当日、渡辺と美樹は2人で過ごし、明け方になって美樹が友人らに〈誠を殺した〉とメール。心配した友人の1人が警察に通報し、駆けつけた警察官が渡辺の遺体を発見したのである。

美樹が渡辺の別れ話に激高して殺したことはメールやブログの記録などからも明らか

だった。また、渡辺が事件時に着ていたとみられる失禁したズボンやトランクスは部屋の中から見つかった。

検察側は殺人罪で起訴。懲役15年を求刑した。

「別れ話のもつれから犯行に及んだことは明らか。殺害後にためらい傷をつけたり、失禁した被害者の下着を履き替えさせるなど、被告人には合理的に物事を考える能力があった」

弁護側は「嘱託殺人に該当する」と主張した上で、「犯行時は心神耗弱状態だった」として、美樹が精神安定剤に依存せざるを得なくなったこれまでの男遍歴などを明らかにした。

田舎の高校を卒業した美樹は、地元の自動車部品工場で働いていたが、薄給に嫌気がさし、都心に出てキャバクラ嬢になった。まもなくホスト遊びを覚え、さらに稼げる風俗店へ。

渡辺と付き合う前はホストと付き合っていて、「結婚したら一緒に居酒屋を始めよう。そのための費用を自分に預けて欲しい」と言われ、約4年にわたって1500万円を貢いでいた。

その男とも別れ話が持ち上がり、美樹は返金を求めたが、その男の手元には1円も残っていなかった。

美樹は返済を求めて民事訴訟を起こし、1472万円の支払いを命じる判決を勝ち取ったものの、男は計30万円ほど返しただけで、姿をくらました。

そんなときに知り合ったのが渡辺だった。美樹は〈今度こそ幸せになる〉とブログに何度も書いていた。しかし、渡辺も似たようなタイプの男だったのだ。

〈水商売の男より、一般人のチャラ男の方がタチが悪い。何でこんな男好きになるんだろ。バカなだけか。いつも『お金ない』って言ってるのに、どこで遊んでるの。あなたとの未来が大切だから心配してるのに、気付いてくれない。苦しくて辛くて、同棲しても足らなくて、前よりも1人でいられなくなってる。こんな状態で妊娠していたら笑える。いっそ冷めた方がラクなのになァ…〉

その解決方法が殺人だったのだろうか。裁判所は嘱託殺人を認めず、「被告人の供述は不自然で信用できない。犯行と正面から向き合っておらず、反省もしていない」と断罪し、懲役13年を言い渡した。

あとがき

本書は週刊実話で連載された「男と女の性犯罪実録調書」から、女犯罪者が起こした事件のみを抜粋したものである。

男が起こす性犯罪事件はマヌケなものから凶悪なものまで千差万別だが、女が起こす事件はある一定の傾向がある。一瞬の激情に駆られてというよりは、そのときがくるのをひたすら待ち、淡々と犯行に及ぶ点である。

時あたかも歌舞伎町のガールズバーの元女性店長が、ホストを刺して重傷を負わせるという殺人未遂事件があった。刃渡り14・8センチの新品の包丁を用意し、背中まで貫通する深さ15センチの傷を負わせたのである。

「彼のことが好きで好きでたまらなかった。彼を殺して、自分も死んで、一緒になろうと考えた。そうすれば、他の女に取られる心配もない」

これが動機である。

セックスして眠っている男の腹に刃を突き立て、「熱さ」で目を覚ました男が救急車を呼ぶように頼んだが拒絶。スマホを取り上げ、玄関に逃げた男の体を引っ張り、部屋に連れ戻そうとするなど、救命とは真逆の行動を取り続けた。

男が思わず、「分かった。大好きだから、一緒にいよう」と言うと、女は「私も大好き。一緒に死のう」と答えたという。その恐怖たるや、いかばかりのものだったか――。

男は女を突き飛ばして部屋から脱出し、エレベーターに乗って1階のエントランスへ。そこで力尽きて倒れているところへ、階段で下りてきた女が歩み寄った。「血まみれの被害者を見て、後悔したから110番した」と言うが、その機会は他にいくらでもあっただろう。

被害者は「治療が遅れていれば、あと1時間以内に失血死していた」というほどひどい状態だった。それでも一命を取り留めたので、500万円で示談が成立した。その金を出したのは両親である。

女は被害者への謝罪を口にしながら、何度も親に対する思いを口にした。

「事件が起きてから、初めて両親とあんなに話すことができた。自分がいるだけでいいと言ってもらえた。初めて母に強く抱きしめてもらった気がする。生まれて初めて、両親に自分の気持ちを全部話すことができた」

やはり、キーワードは親である。

親から共感をもらえなかった人間は、両親双方に対して怒りを抱えている場合が多いので、その怒りのために残忍なことを平気でやってしまうことが多い。

また、自分の存在を大切なものとして扱われなかった女性は、自分の心と体が神聖なものとは思えないので、愛のないセックスや援助交際などに走りやすい。

幸いなことに無視、無関心という親よりは、過干渉型の親の方が現代は多い。自分の欲求を子供の欲求にすり替え、自分の見栄を満たしたり、自分のコンプレックスや不安を解消しようとする親のことだ。

子供がそれに応えているうちはいいが、それができなくなったとき、ある日突然、暴発する。その裏側にあるのが親に対する怒りである。

児童虐待やDVが発生するメカニズムも同じだ。虐待者は被虐待者に対して、自分の親に対する怒りを上乗せして怒っているのである。

このメカニズムを知らないと、「お前のため」と言いながら、考えられないような残忍な行為をする人間になる。なぜ自分がそんな行為をするのかさえ、分からないのである。

奇しくも小6男児に強制性交した女（1章）の父親も、親子間のコミュニケーションの取り方に問題があったことを認め、「自分に非があった」と述べた。

また、車椅子の男性を刺し殺そうとした女（6章）も、大学時代までしか親の期待に応えることができず、社会人になってからは、どんな仕事をしても長続きせず、父親に殴られたりしていた。

前出のガールズバーの元女性店長の父親も、「教育で欠けていたことを反省している。もっとかかわる時間を作ればよかった」などと述べた。

おそらく令和時代は、学歴は高いが、突然キレるという人間がもっと増えるだろう。バブル期までに育った世代は、そこを至上価値に考えている人間が多い。その世代が親になって、さらに過干渉型が増えているのが現代である。

子供は自立できる年齢になったら、親とは別住まいすることをお勧めする。

2019年12月　　諸岡宏樹

本書は『週刊実話』（日本ジャーナル出版）の連載
「男と女の性犯罪実録調書」を加筆、修正、再編集し、文庫化したものです。
1章「逆淫行」の一部は書き下ろしです。

鉄人文庫

実録 女の性犯罪事件簿

2020年 1月22日　第１刷発行
2024年11月15日　第２刷発行

編　著　諸岡宏樹
発行人　尾形誠規
編集人　平林和史
発行所　株式会社 鉄人社
〒162-0801 東京都新宿区山吹町332
オフィス87ビル 3F
TEL 03-3528-9801　FAX 03-3528-9802
https://tetsujinsya.co.jp/
デザイン　鈴木 恵（細工場）
印刷・製本　株式会社シナノ

ISBN978-4-86537-179-6　C0195　